Holzschnitzen

Antony Denning

Holzschnitzen

Ideen und Projekte
Alle handwerklichen Techniken

2 in 1
AUGUSTUS

Die Deutsche Bibliothek – CIP-Einheitsaufnahme

Holzschnitzen – Ideen und Projekte : alle handwerklichen Techniken / Antony Denning. [Photogr.: Ian Howes ; Übers.: Klaus-Dieter Hartig]. – München : Augustus-Verl., 2000
Einheitssacht.: Woodcarving <dt.>
ISBN 3-8043-0718-3

Die englische Originalausgabe erschien erstmals bei Sterling Publishing Co., Inc., 387 Park Avenue South, New York, NY 100016-8810

Lektorat: Günter Wiegand, Wiesbaden
Übersetzung: Klaus-Dieter Hartig, Bremen
Umschlagkonzeption: Kontrapunkt Kopenhagen
Umschlaglayout: Melanie Gradtke

AUGUSTUS VERLAG München 2000
©Weltbild Ratgeber Verlage GmbH & Co KG.

Satz: satz-studio gmbh, Bäumenheim
Reproduktion: Regent Publishing Services Ltd, Hong Kong
Druck und Bindung: Leefung Asco Printers Ltd, China
Gedruckt auf 130 g umweltfreundlich chlorfrei gebleichtes Papier.

ISBN 3-8043-0718-3

Printed in China

ANMERKUNG

Das Holzschnitzen ist nicht ganz ungefährlich. Befolgen Sie die Arbeitsanweisungen und Sicherheitshinweise gewissenhaft. Die in diesem Buch erwähnten Techniken und Methoden wurden vom Verfasser sorgfältig geprüft und erprobt. Dennoch kann eine Garantie nicht übernommen werden. Ebenso ist eine Haftung des Verfassers bzw. Verlages und seiner Beauftragten für Personen-, Sach- und Vermögensschäden ausgeschlossen.
Jede gewerbliche Nutzung der Arbeiten und Entwürfe ist nur mit Genehmigung von Verfasser und Verlag gestattet.

Projekte

Techniken

INHALTSVERZEICHNIS

Einleitung

Schnitzen ist ein altes Handwerk. Es vereint künstlerische und handwerkliche Aspekte. Manche Holzschnitzer haben ihren Schwerpunkt mehr auf der handwerklichen, andere eher auf der künstlerischen Seite. Ob Ihre Arbeit funktional oder ästhetisch angelegt ist – oder beides –, Sie haben die Wahl aus einer riesigen Palette von Stilen. Vor allem werden Sie ein Erfolgserlebnis haben, wenn Sie traditionelles Werkzeug und Material benutzen, um etwas Einzigartiges für sich selbst zu schaffen.

Aus prähistorischer Zeit stammen Schnitzereien aus Rentiergeweih und Mammut-Elfenbein oder Ritzzeichnungen in Stein. Ein bekanntes Beispiel ist eine kleine, aufmerksam beobachtete Darstellung auf Rentiergeweih, die einen seine Flanken leckenden Bison zeigt. Sie wurde in einer Höhle in Frankreich gefunden und auf etwa 14 000 v. Chr. datiert. Wenn die Menschen des Paläolithikums dieses relativ harte Material bearbeiten konnten, waren sie vermutlich auch in der Lage, Holz zu schnitzen. Es wäre aber erstaunlich, wenn Holzschnitzereien aus dieser Zeit erhalten geblieben wären. Solche Zeugnisse haben die Zerstörung durch Feuer, Pilzbefall, Insekten oder die Verwitterung nicht überstanden.

Wir werden wohl nicht herausfinden, wann und warum unsere frühen Vorfahren mit dem Schnitzen und Malen begannen, aber sie taten es – und auf der ganzen Welt haben sich die Menschen mit Holzschnitzen beschäftigt. Schnitzereien wurden verwendet, um den Bug von Wikingerschiffen und die Kanus der Insulaner im Pazifik zu schmücken oder um Möbelstücke, Bilderrahmen und Gebäude zu verschönern. Geschnitzte Figuren wurden zu religiösen Ikonen; Masken und Totems wurden heilige oder magische Kräfte zugeschrieben. Schnitzarbeiten wurden in Auftrag gegeben, um das Prestige von Königen zu steigern.

Aus Holz können nützliche Objekte geformt werden, zum Beispiel Schalen, Kästen oder Löffel. Man kann aber auch rein aus ästhetischem Vergnügen schnitzen. Wie bei anderen Kunsthandwerken auch, kann das Holzschnitzen

Eine nur wenige Zentimeter hohe Mutterfigur mit Proportionen, die nicht genau den Körperproportionen entsprechen, was typisch ist für traditionelle afrikanische Schnitzereien.

Die Ritzzeichnung eines paläolithischen Künstlers zeigt die Umrisse eines Tiers, das Ähnlichkeit mit einem Moschusochsen hat. Die Künstler jener Zeit konnten sicher auch Holz schnitzen.

sowohl zum Kopieren oder zur Serienanfertigung von existierenden Vorlagen für praktische oder dekorative Zwecke verwendet werden als auch vom Bildhauer, dessen Arbeit reine Kunst ist. Natürlich gibt es viele Arbeiten zwischen diesen Extremen, die sowohl künstlerische als auch handwerkliche Aspekte aufweisen.

Die unzähligen Beispiele aus allen Epochen und Gebieten sind eine unerschöpfliche Quelle für Inspirationen, aber ihre Vielfalt kann es einem Schnitzer schwer machen, seinen eigenen Weg zu finden. Die Projekte dieses Buches werden Ihnen helfen, die Art von Schnitzerei zu entdecken, die Ihnen am besten gefällt – und den Weg zu zeigen, wie Sie die entsprechenden Fertigkeiten erlangen.

Für diese robuste Gallionsfigur eines sardinischen Schiffes aus dem frühen 19. Jahrhundert hat vielleicht eine Frau aus einer einheimischen Fischer- oder Bootsbauerfamilie Modell gestanden.

Dieses kleine Werk von Antony Denning, das an eine menschliche Form erinnert und die Tastsinne anspricht, illustriert eine Stilrichtung der geschnitzten Skulpturen im 20. Jahrhundert.

Dieser sorgfältig geschnitzte Adler von Ashley Sands gehört zur besten europäischen Schnitztradition.

Werkzeug und Ausrüstung

Die Schnitzwerkzeuge haben sich seit Jahrhunderten nicht wesentlich verändert. Elektrogeräte sind zwar nützlich, ersetzen aber die traditionellen Techniken nur zum Teil. Welche Werkzeuge Sie benötigen, hängt von der Art der Schnitzarbeit ab, die Sie planen, aber alle Holzschnitzer benötigen Balleisen, Hohleisen und einen Klüpfel. Beginnen Sie mit wenigen Werkzeugen und ergänzen Sie diese je nach Bedarf. Vermeiden Sie fertige Zusammenstellungen, auch wenn sie von guter Qualität sind, denn sie enthalten oft mindestens ein Werkzeug, das Sie niemals benutzen werden. Diese Seiten zeigen einige Beispiele unter den vielen erhältlichen Ausführungen.

BALLEISEN UND HOHLEISEN

Diese Werkzeuge, die zusammenfassend als Beitel oder Stecheisen bezeichnet werden, benötigt man nur am Beginn einer Schnitzarbeit. Werkzeuge und Griffe können getrennt gekauft werden, aber bitten Sie Ihren Händler, den ausgewählten Griff, der gerade aufgesetzt werden muß, zu befestigen. Beitel und Hohleisen mit gerader Klinge sind die kräftigsten Werkzeuge. Ihre Seiten verlaufen fast bis zur Schulter parallel. Sie sind gerade in der Seitenansicht. Diese Werkzeuge werden für schwere Arbeiten mit dem Klüpfel gewählt.

Der Querschnitt des Hohleisens Nr. 11 ist U-förmig. Der Geißfuß hat eine V-förmige Schneide. Geißfüße gibt es in verschiedenen Winkeln. Für den Anfang ist ein Winkel von 60 Grad gut geeignet.

Balleisen haben einen flachen Querschnitt, während Hohleisen gebogen sind. Die Nummerierung bezieht sich auf die Krümmung oder den Bogen der Schneide, unabhängig von der Breite des Werkzeugs. Im System der Firma Henry Taylor (Sheffield; s. Tabelle S. 10) ist Nr. 1 ein gerades und Nr. 2 ein schräg angeschliffenes Balleisen. Bei der Nummerierung der Schweizer Firma Pfeil hat das gerade Balleisen die Nr. 1 und das schräg angeschliffene die Nr. 1S.

Gerade Hohleisen beginnen mit Nr. 3 (Henry Taylor) oder Nr. 2 (Pfeil). Sie weisen eine kaum wahrnehmbare Krümmung auf. Die Krümmungen steigern sich über die Nummern 4 bis 9. Das tiefrunde Hohleisen (Nr. 10) ist im Querschnitt fast halbkreisförmig.

Gebogene Hohleisen haben eine gekrümmte Klinge. Man benutzt sie für Hohlformen, bei denen gerade Hohleisen zu tief schneiden würden. Viele dieser Werkzeuge sind so stabil, dass man sie mit einem Klüpfel benutzen kann.

Gebogene Flach- oder Hohleisen eignen sich für Hohlformen, wenn man mit geraden Eisen kein Holz mehr entfernen kann.

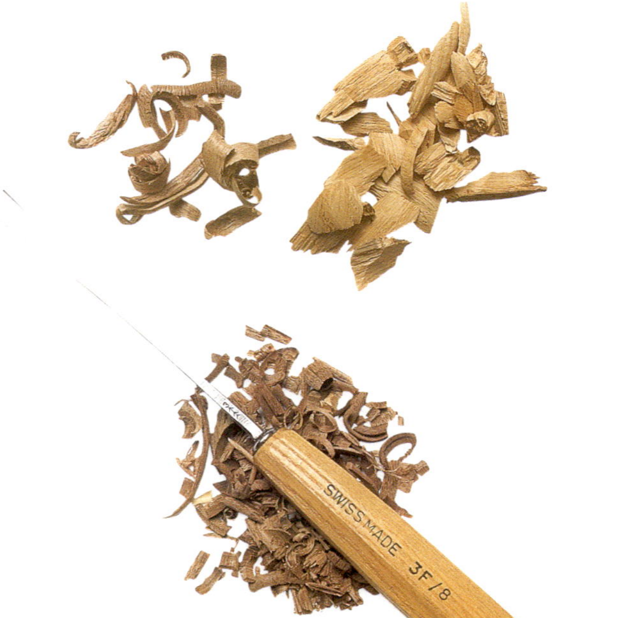

Gekröpfte oder verkehrt gekröpfte Stechbeitel und Hohleisen sind Werkzeuge mit einem langen, geraden Schaft, der am Ende löffelförmig gebogen ist. Schräg geschliffene gerade oder gekröpfte Balleisen eignen sich gut, um beim Tieferlegen in komplizierte Ecken zu gelangen (siehe Technik 7). Gekröpfte Hohleisen werden benötigt, um kleine Hohlformen zu schnitzen.

Es gibt unterschiedliche Beitel mit breiterer dreieckiger Klinge. Das Blumeneisen hat eine lange Klinge, die zur Schneide hin breiter wird; die Schneide ist gerade oder gebogen. Sehr kräftige Werkzeuge sind das Schweizer und das Tiroler Eisen. Die Klinge des Schweizer Eisens ist dreieckig mit breiter Schneide. Von ähnlichem Aussehen ist das Tiroler Eisen, dessen Klinge allerdings wesentlich länger als die des Schweizer Eisens ist. Beitel mit kleineren dreieckigen Klingen eignen sich hervorragend für knifflige Ecken.

Abgewinkelte Beitel weisen eine stärkere Krümmung auf als die gekröpften Beitel, aber die beiden Eisen sind austauschbar.

Kasten- oder Kanaleisen (in England als Macaroni, Fluteroni oder Backeroni bezeichnet) sind ungebräuchliche Formen. Sie haben einen rechteckigen Querschnitt, die Längskanten der Klinge können abgerundet sein. Manche dieser Werkzeuge haben auch gebogene Klingen.

TYPISCHE SCHNEIDEN VON HOLZSCHNITZWERKZEUGEN

Diese Übersicht zeigt die Werkzeugbezeichnung von zwei Herstellern. Andere können sich davon unterscheiden oder keine Nummerierung haben. Sie sollten Ihre Werkzeuge nach der Form der Schneide, die Sie benötigen, auswählen und kaufen. Viele dieser Werkzeuge können in unterschiedlichen Breiten gekauft werden, die von 2 mm bis 40 mm reichen. Manche haben bis zu 90 mm breite Schneiden.

WERKZEUGE	ENGLAND (Henry Taylor)						SCHWEIZ (Fa. Pfeil)	
	Nummerierung					Schneiden-form	Nummerierung	Schneiden-form
	A	B	C	D	E		A	
Balleisen	01		21		61		1	
schräges Balleisen	02		22-23		62		15	
Hohleisen	03	12	24	33	63		2	
	04	13	25	34	64		3	
	05	14	26	35	65			
	06	15	27	36	66		5	
	07	16	28	37	67		7	
	08	17	29	38	68		8	
	09	18	30		69		9	
tiefrundes Hohleisen (Bohrer)	10	19	31		70			
tiefrundes Hohleisen	11	20	32		71		11	
Geißfuß	39	40	43				12	
	41	42	44				13	
	45	46					14	
	47						15	
Kasteneisen	49	50					23	
abgerundetes Kasteneisen	51		52					
**							25	
							28	

SCHLÜSSEL

Schneidenform	England Spalte	Schweiz Spalte	+ Buchstabe
gerade	A	A	–
gebogen	B	A	L
gekröpft	C	A	a
verkehrt gekröpft	D	**	
zur Schneide hin breiter werdend	E	A	F

KLÜPFEL

Bei einem Großteil der Schnitzarbeiten halten beide Hände den Beitel – eine Hand drückt kräftig, während die andere das Werkzeug kontrolliert und führt. Manchmal ist es jedoch wirkungsvoller, wenn man den Beitel leicht mit einem Klüpfel schlägt. Ein Klüpfel ist nicht zu gebrauchen, wenn das Werkzeug vorsichtig geführt werden muss. Er ist jedoch hilfreich, wenn Sie große Stücke schnitzen und das Holz grob bearbeiten (siehe Technik 7). Ein Klüpfel muss gut in der Hand liegen; probieren Sie deshalb mehrere aus, bevor Sie sich für einen entscheiden.

Der Bildhauerklüpfel ist rund und wird traditionell aus Buchenholz oder Pockholz hergestellt. Holzhämmer aus Pockholz sind die besten wegen der Holzdichte. Buchenholzklüpfel sind gut und normalerweise preisgünstiger. Wegen der geringeren Holzdichte sind sie größer.

Es gibt einige hervorragende Nylonklüpfel, aber für Schnitzarbeiten sind sie meist zu groß.

Ein Fäustel ist nützlich, besonders für feine Arbeiten. Dieser Hammer hat einen kleinen Kopf aus gehämmertem Metall.

WEITERE WERKZEUGE

Sie benötigen einige allgemein übliche Werkzeuge, und mit weiteren speziellen Geräten können Sie sich die Vorbereitung und das Schnitzen erleichtern.

Eine Reihe von Tischlerwerkzeugen ist wahrscheinlich nützlich. Dazu gehören Sägen, Hobel, Ziehklingen und Schaber, Bohrer, Feilen, Anreißmesser, Messschieber, Winkeleisen und Bandmaß. Auch diese Werkzeuge sollten Sie nur kaufen, wenn ein Bedarf entsteht.

Diese großen Raspeln werden eher bei großen Skulpturen benutzt als bei Schnitzarbeiten.

Bildhauerraspeln sind kleine Raspeln mit unterschiedlichen Formen, was sie für Schnitzarbeiten besonders nützlich macht. Sie rauen das Holz auf, so dass anschließend geschmirgelt werden muss.

Modellierhölzer aus Buchsbaumholz können die Arbeit der Finger unterstützen, wenn Sie Entwurfsmodelle aus Ton anfertigen. Ein oder zwei Hölzer mit einem Schneidedraht dienen dazu, Ton bei Bedarf abzuschneiden.

Elektrogeräte können die Arbeit erleichtern und beschleunigen, zum Beispiel wenn man Falze auf der Rückseite von Rahmen schneidet oder größere Mengen Holz abtragen will. Elektrogeräte sind teuer, und es gibt viele verschiedene Fabrikate. Holen Sie sich deshalb Rat bei Fachleuten, um sicher zu sein, dass Sie das Gerät tatsächlich benötigen, bevor Sie es kaufen. Da die Verwendung von Elektrowerkzeugen mit Gefahren verbunden ist, ist es wichtig, sie sicher zu handhaben. Berücksichtigen Sie immer die entsprechenden Vorsichtsmaßnahmen.

Material

Viele Holzarten eignen sich gut zum Schnitzen. Manche sind jedoch schwer zu bearbeiten und einige können mit den traditionellen Schnitzwerkzeugen überhaupt nicht bearbeitet werden. Es lohnt sich, etwas länger mit verschiedenen Holzarten zu experimentieren, um Wissen und Erfahrung zu sammeln. Bei der Auswahl des Holzes sollten Sie sowohl die Eigenschaften des Holzes als auch die Aufgabenstellung bedenken. Zusätzliches Material benötigen Sie nur, um Entwurfsmodelle anzufertigen.

Dieses Steckenpferd wurde von Hugh Wedderburn aus amerikanischem Nussbaumholz geschnitzt. Es zeigt die Schönheit dieses Holzes, das zum Lieblingsmaterial vieler Holzschnitzer gehört.

HOLZ

Viele Holzschnitzer vermeiden heutzutage Holzarten, die bedingt durch rücksichtsloses Holzfällen knapp geworden sind. Viele ziehen es vor, lokale Holzarten zu verwenden, wann immer dies zweckmäßig ist. In der Hauptsache wird Ihre Holzwahl wahrscheinlich davon bestimmt, welches Holz verfügbar ist und was es kostet.

Bezugsquellen

Der größte Teil des Holzes, das im Handel angeboten wird, ist Bauholz. Deshalb ist es schwierig, Holz zu erwerben, das dicker als 100 mm ist. Größere Stücke bekommt man im Sägewerk oder von einem

EINE AUSWAHL VON HOLZARTEN ZUM SCHNITZEN

NAME	EIGENSCHAFTEN	NAME	EIGENSCHAFTEN
Bergahorn *(Acer pseudoplatanus)* 	Weiß, dichte Maserung, schwer zu schnitzen.	**Eukalyptus** *(Eucalyptus marginata)* 	Australische Holzart, dichtes und hartes Holz, lässt sich aber gut schnitzen. Eukalyptus ähnelt dem roten Mahagoniholz in der Farbe und sieht nach dem Polieren schön aus.
Buchsbaum *(Buxus sempervirens)* 	Extrem dichtes, gelbliches Holz. Es ist zwar schwer zu schnitzen, bietet aber die Möglichkeit, feine Details darzustellen. Buchsbaum wird nicht sehr groß, so dass das Holz für kleine Schnitzarbeiten geeignet ist.	**Stechpalme** *(Ilex ssp.)*	Weiß oder grauweiß, mit feiner Maserung. Für das Schnitzen gut geeignet, aber hart. Es ist schwierig, das Holz ohne Rissbildung zu trocknen.
Edelkastanie *(Castanea sativa)* 	Im Aussehen ähnlich wie Eichenholz, zeigt aber nicht die deutlichen Markstreifen. Es ist nicht hart und lässt sich gut schnitzen.	**Nussbaum** *(Juglans ssp.)* 	Die Farbe variiert von den graubraunen europäischen Formen bis zu den dunkelbraunen amerikanischen Walnussholzarten. Schönes Holz, das sich gut schnitzen lässt.
Jelutong *(Dyera costulata)* 	Gelbes Holz mit feiner Textur und dichten Fasern. Vergleichsweise leicht. Einfach zu schnitzen. Wenig Maserung, eher für Schichtverleimungen, dekorative Schnitzereien und Arbeiten eignet, die angestrichen werden sollen.	**Goldregen** *(Laburnum anagyroides)* 	Blass khakifarbenes bis dunkelbraunes Holz. Goldregen wird nicht besonders groß und neigt dazu, in der Mitte zu verfaulen. Schön für kleine Schnitzarbeiten, aber recht hart.

umgefallenen oder gefällten Baum. Altes Bauholz von Abrissgebäuden kann interessant sein – aber achten Sie auf Nägel. Bei Holzhändlern, Kunsttischlern, in Trockenschuppen und Holzlagern, Werkstätten von Kunsthandwerkern, Gebrauchtwarenläden und sogar bei Ihren Freunden können Sie möglicherweise brauchbare Holzstücke finden.

Auswahl des Holzes

Wenn Sie sich für eine bestimmte Holzart entscheiden, müssen Sie die geplanten Schnitzarbeiten und die beabsichtigte abschließende Oberflächenbehandlung berücksichtigen. Ausgeprägte Maserungen und Strukturen können sich gut für große oder einfache Formen eignen, passen aber nicht zu Stücken mit einem Muster. Ein Holz, das kaum sichtbare Maserungen aufweist, ist möglicherweise die bessere Wahl, wenn man Texturen schnitzt. Holz, das für die Zubereitung und das Servieren von Mahlzeiten verwendet werden soll, muss ungiftig sein. Es ist immer ratsam, dies mit dem Holzhändler abzuklären.

Bei jedem Holz, das Sie auswählen, sollten Sie auf eine gleichmäßige, astfreie Maserung achten. Vermeiden Sie die Mitte des Kernholzes und das Splintholz – das Holz zwischen Rinde und Kernholz. Achten Sie auf Vertiefungen, die auf Aststellen oder andere Makel unter der Oberfläche hinweisen können. Am besten sind Stücke mit stehenden Jahresringen ohne Stammkern.

Die Holzarten, die unten aufgelistet sind, stellen nur eine kleine Auswahl dar, die dem Holzschnitzer zur Verfügung stehen.

Ablagern und Trocknen

Der Feuchtigkeitsgehalt des Holzes verändert sich ständig in Abhängigkeit von der Luftfeuchtigkeit der Umgebung. Vor der Bearbeitung sollte man es nach und nach trocknen lassen. Das Holz kann splittern, wenn es zu schnell trocknet. Wenn man frisches Holz schnitzt, ist es möglich, dass sich Holz und Werkzeug verfärben. Es ist zwar möglich, grünes Holz zu schnitzen, aber Sie sollten es zuerst an einem Stück ausprobieren. Holz kann im Trockenofen oder an der Luft getrocknet werden. Luftgetrocknetes Holz braucht etwa ein Jahr Trocknungszeit pro 25 mm Durchmesser.

Die Form dieser von Sue Haynes geschnitzten Kürbisdose wird betont durch die Verwendung von Jelutong, ein Holz ohne eigene Charakteristik.

NAME	EIGENSCHAFTEN
Tulpenbaum *(Liriodendron tulipifera)* 	Auch bekannt als amerikanisches Whitewood und Gelbe Pappel. Grünlich weiß bis graugelb, gelegentlich mit grauen oder rosa Streifen. Das Holz kann dunkelbraun werden. Die Maserung ist gleichmäßig; nicht zu hart, leicht zu schnitzen. **(- 1 Zeile)**
Weymouthskiefer *(Pinus strobus)* 	Weiches, gelbliches Holz. Vorzüglich zu schnitzen. Man benötigt aber sehr scharfes Werkzeug mit Schneidfasen, die länger sind als bei einem Werkzeug, das für Hartholz benutzt wird.
Birnbaum *(Pyrus communis)* 	Blassgrau bis rötlich braun. Dichte Maserung und ziemlich hart, aber gut zu schnitzen.
Eiche *(Quercus spp.)* 	Europäische, amerikanische und japanische Arten, mit Farbtönen, die von blassem Rehbraun bis Braun reichen. Hartes Holz, das die Schnitzarbeit lohnt. Ungeeignet für feine Details.
Mahagoni *(Swietenia ssp.)* 	Eine Vielzahl von Hölzern, deren Farbtöne vom blassen bis tiefen Rotbraun variieren. Die Strukturen sind unterschiedlich: Manche lassen sich gut schnitzen, andere haben eine Maserung, die das Schnitzen erschwert.
Eibe *(Taxus baccata)* 	Tiefrosa am Anfang, das sich zu einem reichen Rotbraun entwickelt. Das Splintholz ist praktisch weiß und kann bei großen Stücken 25 mm dick sein. Vor dem Schnitzen kann es abgezogen werden. Zäh und schwer zu schnitzen. Geeignet für Skulpturformen. Achtung: Alle Teile können giftig sein.
Linde *(Tilia vulgaris; Tilia americana)* 	Weißliche bis rötlich gelbe Färbung. Gleichmäßige Textur und dichte Maserung, die praktisch keine Muster zeigt. Lindenholz ist leicht zu schnitzen und gut geeignet für Details und Texturen.

TON UND GIPS

Wenn Sie eine Schnitzarbeit planen, ist es erforderlich, ein Modell als Entwurf anzufertigen. Das am häufigsten benutzte Material beim Modellieren ist Ton, aber man kann auch Knetmasse, Wachs und Gips einsetzen.

Gips kann verwendet werden, um Formen und Abdrücke von Entwurfsmodellen herzustellen, deren Oberfläche sehr gut geglättet werden kann.

Ton

Ton eignet sich für Modelle aller Größen, kann aber eine Verstärkung im Innern erforderlich machen. Während der Bearbeitung ist er feucht zu halten; er kann aber immer wieder bearbeitet werden. Mancher Ton, der als Modellierton verkauft wird, ist klebrig und schlecht zu verarbeiten. Empfehlenswert ist Ton für getöpferte Gefäße und Skulpturen. Er enthält gebrannten Ton, der zu feinem Pulver gemahlen wurde (Schamottemehl). Dadurch wird die Schwindung beim Trocknen gemindert. Mit Ton, der Glasfasern enthält, kann man zwar gut Modelle herstellen, aber mit Modellierwerkzeugen oder Draht zieht man die Fasern leicht an die Oberfläche. Halten Sie den Ton immer feucht. Wenn der Ton zu hart wird, um sich noch formen zu lassen, lassen Sie ihn ganz austrocknen. Dann brechen Sie ihn in Stücke und weichen ihn ein, lassen ihn wieder etwas trocknen und kneten ihn durch. Geschlämmter Ton (Schlicker) kann als Trennmittel verwendet werden, es soll verhindern, dass Gips an der Form kleben bleibt. Streuen Sie Tonpulver in etwas Wasser und rühren Sie es um.

Geschlämmter Ton (links) ist als Schlicker bekannt. Ton (unten) ist am besten, wenn er zu einer homogenen Masse geknetet wurde, aber es ist bei Entwurfsmodellen nicht erforderlich, die Luftblasen zu beseitigen.

Gips

Gips ist gebrannter Kalk. Wenn er mit Wasser vermischt wird, entsteht eine Paste, aus der man große Modelle auf einer Armierung aufbaut. Gips ist sowohl für fertige als auch für Entwurfsmodelle geeignet. Die beste Gipsqualität wird als Dentalgips bezeichnet. Er trocknet sehr schnell, deshalb sollte man jeweils nur kleine Mengen mischen. Eine andere Technik besteht darin, einen Kasten auszugießen und aus diesem Gipsblock ein Entwurfsmodell zu schnitzen. Aber der Gips ist brüchig und nicht sehr angenehm zu schnitzen. Alle Werkzeuge, mit denen man Gips bearbeitet, müssen gereinigt und geölt werden, um sie gegen Rost zu schützen. Gips kann nicht wieder verwendet werden.

Grob gewebter sackartiger Leinen- oder Baumwollstoff kann eingesetzt werden, um Gipsabdrücke und -modelle zu verstärken, wenn zusätzliche Stabilität erforderlich ist.

Gips wird mit Wasser vermischt und muss schnell verarbeitet werden, bevor er hart wird. Dieser Gips ist gefärbt.

Wie Sie dieses Buch benutzen

Das zweiteilige Format dieses Buches bietet eine ideale Einleitung für Anfänger im Holzschnitzen. Die Schritt für Schritt vorgestellten Projekte werden im oberen Teil der Seiten dargestellt; die Arbeitstechniken finden Sie im unteren Teil. Dadurch ist es einfach, die Technikabschnitte durchzublättern, wenn es erforderlich ist, während man an einem Projekt arbeitet.

Im unteren Teil des Buches finden Sie die Techniken des Schnitzens und der Oberflächenbehandlung. Diese Technik-Seiten sind so gestaltet, dass sie unabhängig von den oberen Projekt-Seiten umgeschlagen werden können. So haben Sie die wichtigen Technikinformationen immer schnell zur Hand.

Wenn Ihr Fachwissen und Selbstvertrauen wächst, werden Sie seltener auf den Technik-Seiten nachschlagen müssen, und Sie können damit beginnen, zu experimentieren. Versuchen Sie, einige Techniken und Entwürfe, die in den Projekten angewendet werden, zu übernehmen. Benutzen Sie unterschiedliche Hölzer und probieren Sie alternative Oberflächenbehandlungen aus.

In der Galerie im hinteren Teil des Buches finden Sie Arbeiten von professionellen Holzschnitzern, die Sie zu eigenen Projekten anregen sollen. Diese Beispiele wurden speziell ausgewählt, um zu demonstrieren, was möglich ist, wenn man die in diesem Buch beschriebenen Techniken einsetzt.

Maßangaben

Die bei den Projekten angegebenen Maße sind als Orientierungshilfe gedacht – passen Sie sie an Ihr Holz und Ihre Erfordernisse an. Bei der Durchführung der Projekte können Sie den metrischen Angaben folgen oder entsprechende Abweichungen einplanen.

PROJEKTE. Im oberen Teil des Buches werden die zwanzig Projekte vorgestellt. Folgen Sie den Arbeitsschritten und schlagen Sie bei den Technik-Seiten nach, wenn Sie zusätzliche Hilfe benötigen.

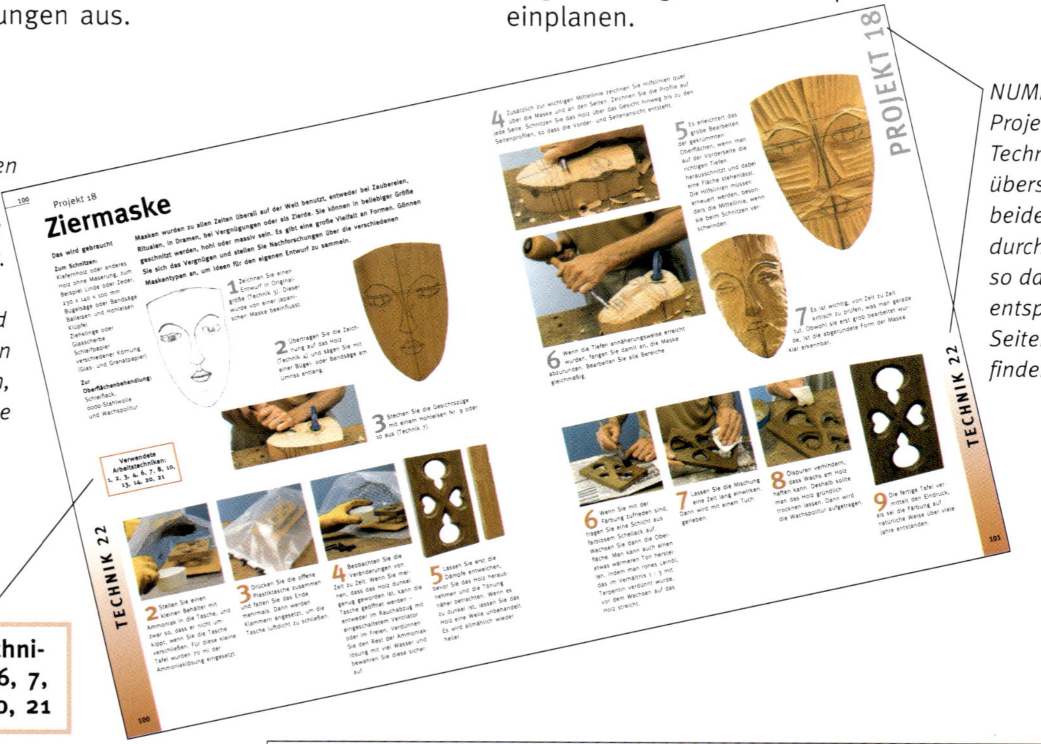

NUMMERN. Alle Projekte und Techniken sind übersichtlich auf beiden Seiten durchnummeriert, so dass man die entsprechenden Seiten schnell finden kann.

verwendete Techniken 1, 2, 3, 4, 6, 7, 8, 10, 13, 14, 20, 21

TECHNIKEN. Wenn Sie den Anleitungen für die Umsetzung der Projekte Schritt für Schritt folgen, werden Sie zusätzliche Informationen über die erwähnten Techniken benötigen. Dieser Kasten am Anfang jedes Projekts sagt Ihnen, auf welchen Technik-Seiten Sie diese finden.

Projekt 1

Tischlampe

Das wird gebraucht

Zum Schnitzen:
Block aus Eichenholz, 150 x 130 x 130 mm
Beitel und Hohleisen
Handsäge
Feinhobel
Bohrmaschine und Bohrer
Schleifklotz
Schleifpapier, Korn 150 und 220

Zur Oberflächenbehandlung:
Öl

Das Schnitzen dieser attraktiven Lampe wird Ihnen wertvolle praktische Erfahrung beim Arbeiten mit der Holzmaserung und Schnitzen flacher Formen mit Aussparungen vermitteln. Hier wurde Eichenholz verwendet, aber Linde oder anderes Holz mit gerader und gleichmäßiger Maserung wäre eine bessere Wahl für diejenigen, die weniger Erfahrung haben.

1 Da alle Seiten gleich gestaltet werden, brauchen Sie nur eine genaue Zeichnung von einer Ansicht (Technik 3). Der symmetrische Entwurf ist einfach, aber wirkungsvoll.

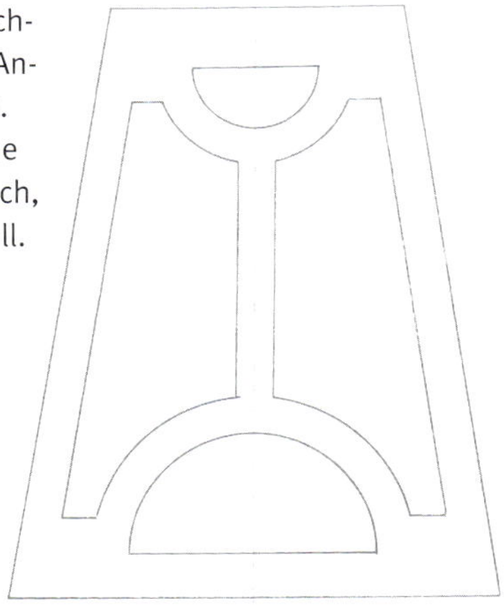

2 Zeichnen Sie die Diagonalen auf die quadratischen Seiten, um den Mittelpunkt auf der Unter- und der Oberseite zu bestimmen. Bohren Sie ein Loch mit 19 mm Durchmesser von der Unterseite 35 mm tief (Technik 13). Benutzen Sie einen 10 mm starken Bohrer und bohren Sie von oben 115 mm tief, so dass das erste Loch getroffen wird. Eine elektrische Handbohrmaschine eignet sich am besten für diese Arbeit.

Verwendete Arbeitstechniken:
1, 2, 3, 4, 7, 13, 20, 21

TECHNIK 1

PFLEGE UND HANDHABUNG VON WERKZEUGEN

Schärfen

Das Schnitzen fällt schwer, wenn die Werkzeuge nicht ganz scharf sind. Beim Schärfen gibt es drei Schritte: das Schleifen, der Feinschliff (Honen) und das Abziehen. Werkzeuge sind oft schon geschliffen, wenn sie vom Hersteller kommen. Sie müssen aber noch feingeschliffen und abgezogen werden. Einige Produzenten liefern sie gebrauchsfertig.

Schleifen ist erforderlich, wenn eine Schneide stumpf oder beschädigt ist sowie nach langem Gebrauch oder nach häufigem Feinschleifen. Schleifen Sie mit wassergekühlten Schleifscheiben oder mit grobkörnigen Abziehsteinen (Wasser- oder Ölsteine). Das Wasser oder Öl auf den Steinen reduziert die Reibung und verhindert das Überhitzen der Schneide, damit der Stahl nicht an Härte verliert. Prüfen Sie immer wieder die Schneide, um sicher zu sein, daß Sie gleichmäßig schleifen.

Nach dem Schleifen wird das Eisen über ein Abfallstück aus Weichholz geführt, um den groben Abrieb zu entfernen. Zum Honen (Feinschliff) führen Sie die Schneide zuerst über einen feinen Öl- oder Wasserstein, dann über einen harten Ölstein – Natursteine wie der Arkansas oder der Belgische Brocken sind am besten geeignet – oder einen sehr feinen Wasserstein.

Zum Abziehen, bei dem die Schneide poliert wird, verwenden Sie einen Lederriemen. Tragen Sie eine Schleifpaste auf oder eine Mischung aus Talg, Vaseline oder einem anderen Schmiermittel mit Polierrot, Schmirgelpaste, Feinventil-Schleifpaste (gebräuchlich in Motoren- und Maschinenwerkstätten) oder Karborund (500er Körnung).

Wenn das Werkzeug nicht für einen speziellen Einsatz bearbeitet wird, sollten alle Balleisen und Hohleisen so geschärft werden, daß die Schneidenfläche eben (nicht konvex oder konkav) ist. Mit ebenen Schneiden machen Sie Schnitte gleichmäßiger Tiefe.

3 Mit Hilfe der Diagonalen zeichnen Sie ein Quadrat mit 75 mm Seitenlänge auf die Oberseite und eines mit 125 mm Seitenlänge auf die Unterseite des 150 mm hohen Blocks. Verlängern Sie die Linien der beiden Quadrate bis zu den Seiten des Blocks. Markieren Sie die Linien, die die Quadrate miteinander verbinden, auf den Längsseiten. Nun erkennen Sie den Umriss eines Pyramidenstumpfes. Schraffieren Sie die keilförmigen Flächen, um das Abfallholz zu kennzeichnen.

4 Die abgeschnittene Pyramide bildet den stabilen Fuß einer Tischlampe, aber man kann sie beim Bearbeiten schlecht in Position halten. Deshalb bauen Sie einen Schraubstock, indem Sie zwei vorgebohrte Blöcke auf eine Grundplatte mit einem Abstand von 150 mm schrauben. Ein langer, 8 mm dicker Gewindestab, der durch die Löcher der Blöcke und durch die Bohrung im Lampenfuß geführt wird, klemmt den Holzblock fest. Der Bolzen muss an der Außenseite verlaufen, wenn Sie die Seiten absägen, sonst sägen Sie in die Halteblöcke.

5 Verbinden Sie auf den nun fertigen schrägen Seitenflächen die oberen und unteren Ecken der beiden anderen Seiten miteinander und schraffieren Sie wieder das Abfallholz. Schneiden Sie einen etwa 25 mm breiten Streifen vom dickeren Ende eines der Abfallkeile ab und schieben Sie ihn unter das obere Ende des Lampenständers.

6 Klemmen Sie den Holzblock in Ihrem Schraubstock so fest, dass sich der Bolzen außerhalb befindet. Sägen Sie das Abfallholz ab. Hobeln Sie alle vier Oberflächen glatt. Die Quadrate auf den Stirnseiten dienen als Orientierungshilfe.

7 Der rohe Lampenfuß kann nun gestaltet werden. Zeichnen Sie die Mittellinie auf jede Oberfläche. Sie können den Entwurf durch feine Stiche oder mit Hilfe von Kohlepapier (Technik 4) übertragen.

8 Wenn Sie noch keine großen Erfahrungen beim Bearbeiten von Holz haben, ist es unwahrscheinlich, dass alle vier Oberflächen exakt die gleichen Maße haben. Wenn die Seiten der Pyramide nicht exakt stimmen, wird es leichter sein, alle geraden Linien des Entwurfs von den Kanten aus abzumessen und aufzuzeichnen, um danach die Bogen einzupassen. Wenn die Maße des Lampenfußes genau stimmen, legen Sie die Zeichnung auf Kohlepapier und übertragen Sie sie auf das Holz.

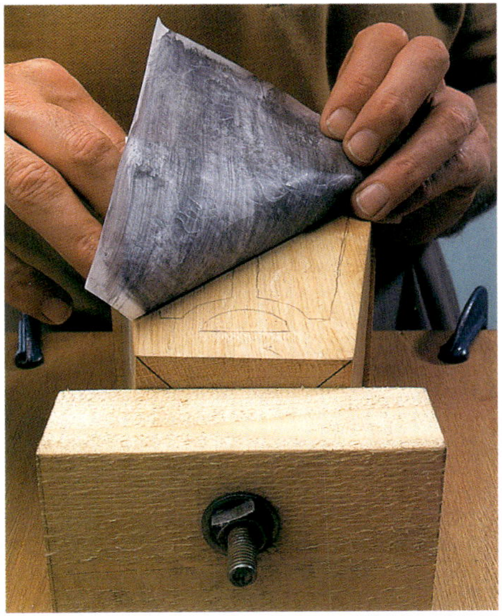

9 Bevor Sie die Zeichnung entfernen, prüfen Sie die Übertragung, indem Sie sie mit einer Hand in der Position festhalten und eine Ecke anheben. Wenn alles in Ordnung ist, wird der Entwurf auf die drei anderen Oberflächen übertragen.

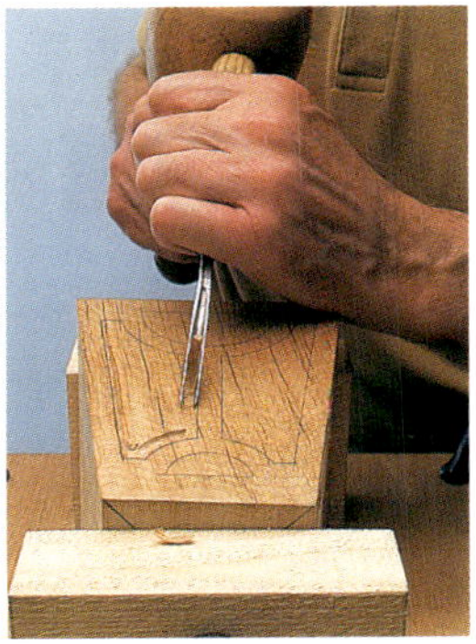

10 Mit einem Hohleisen Nr. 11 wird eine etwa 3 mm tiefe Rille nicht weiter als 2 mm von den Linien entfernt angelegt, um den Entwurf herauszuarbeiten (Technik 7).

11 In den ersten Stadien der Bearbeitung der Rohform (Technik 7) gehen Sie auf etwa zwei Drittel der geplanten Tiefe und lassen Sie etwa 2 mm übrig. Nehmen Sie ein Hohleisen Nr. 9 oder 10 und arbeiten Sie in Richtung der Maserung oder quer zu ihr. Beobachten Sie genau, wie sich die Holzfasern beim Schnitzen verhalten.

12 Sie werden unweigerlich auf Stellen stoßen, an denen der zur Verfügung stehende Raum die Richtung des Schnitzens diktiert. In dem halbkreisförmigen Feld ist der Raum begrenzt. So müssen Sie parallel zur Unterkante arbeiten, um zu vermeiden, dass Sie gegen die Richtung der Maserung arbeiten.

13 Bohren Sie (Technik 13) jetzt das Loch für das Anschlusskabel. Wenn dabei Holzfasern durch den Bohrer aus der Oberfläche herausgerissen werden, können Sie dies später ausgleichen, wenn Sie der Fläche ihre endgültige Tiefe geben. Messen Sie 20 mm von der Grundlinie ab und bohren Sie ein Loch mit 8 mm Durchmesser, das die senkrechte Bohrung durch die Mitte des Blocks treffen soll. Mit einem 6 mm breiten gekröpften Hohlbeitel runden Sie die obere scharfe Kante ab, an der sich die Bohrungen treffen, damit das Kabel später nicht geknickt wird.

14 Unterbrechen Sie Ihre Arbeit von Zeit zu Zeit und betrachten Sie Ihr Werkstück, um einen Überblick über die Gesamtentwicklung zu bekommen.

16 Benutzen Sie flache Balleisen, um die Ränder und die Vertiefungen fertig zu stellen. Die Ränder sollen einen rechten Winkel zur ausgesparten Fläche bilden.

15 Stellen Sie einen provisorischen Tiefenanschlag her, indem Sie einen Stahlstift in ein kurzes Leistenstück nageln. In diesem Fall ist die Leiste etwa 100 mm lang, und der Stift ragt 5 mm heraus. Schneiden Sie das Holz bis dicht an die Begrenzungslinien heran bis zur vollen Tiefe heraus (Technik 7). Benutzen Sie weiterhin ein Hohleisen. Die Tieferlegung der Flächen wird mit Balleisen und gebogenen Eisen fortgesetzt.

17 Es kann reizvoll sein, den tiefer gelegten Flächen ein Muster zu geben. Dazu gibt es Punktiereisen mit unterschiedlichen Mustern. Sie können auch Ihr eigenes Punktiereisen herstellen (Technik 20). Üben Sie zuerst auf Abfallholz und planen Sie sorgfältig vor dem Anbringen der Textur.

18 Markieren Sie die Position der Schrauben für die Lampenfassung und bohren Sie die Löcher. Der Bohrer entspricht dem Innenmaß der Schraube. Tragen Sie Öl mit einer Bürste auf. Lassen Sie es 10 Minuten einziehen und wischen Sie die Oberfläche mit einem sauberen Tuch ab. Die Oberflächen sollten mindestens sechs Stunden trocknen. Dann wird eine zweite Schicht auf gleiche Weise aufgetragen. Breiten Sie hinterher das Tuch zum Trocknen aus (siehe Seite 124).

19 Wenn das Öl trocken ist, wird der Ring des Lampensockels festgeschraubt. (Ziehen Sie die Schrauben nicht zu fest an.) Schieben Sie das Kabel durch die seitliche Bohrung und durch die untere Öffnung wieder nach draußen. Biegen Sie es um und führen Sie es zurück durch die Bohrung nach oben, bis mindestens 150 mm aus dem Ring herausragen. Legen Sie drei Drähte frei und verbinden Sie diese mit der Birnenfassung. (Fragen Sie einen Fachmann, wenn Sie sich nicht sicher sind, dass Sie es richtig machen.) Ziehen Sie das Kabel nach unten und schrauben Sie die Fassung in den Ring. Dabei muss das Kabel gleichzeitig gedreht werden. Das unten heraushängende Kabel wird durch das seitliche Loch festgezogen.

20 Schneiden Sie ein Stück Stoff (Molton, Kalmuck) oder Filz passend zum Boden des Ständers zu. Schmirgeln Sie die Fläche, damit Klebstoff haften kann, besonders wenn sie mit dem Öl behandelt wurde. Verteilen Sie den Klebstoff gleichmäßig auf der Fläche und lassen Sie ihn etwas antrocknen. Dann wird das Stoffquadrat vorsichtig angebracht.

21 Das Design dieser Lampe ist nicht nur sehr reizvoll, sondern auch sehr praktisch. Der Ständer ist gleichzeitig kompakt und stabil.

Projekt 2

Wappen

Das wird gebraucht

Zum Schnitzen:
hier wurde Lindenholz benutzt, aber Sie können auch jedes andere Holz verwenden, das sich leicht schnitzen läßt:
190 x 150 x 25 mm
Balleisen und Hohleisen
Stemmeisen
Klüpfel
Schabhobel
Messschieber (Schieblehre)
Metallschiene
Anreißmesser
flexibles Metallstück

Zur Oberflächenbehandlung:
farbloser Schellack, Graphitpulver, weiße Kaseinfarbe, Eichenbeize, dunkles Eichenwachs

Verwendete Arbeitstechniken:
1, 2, 3, 4, 7, 19, 20, 21

Dieses Projekt bietet eine Übung für einfache tiefer und höher liegende Formen, eine gewölbte Oberfläche und ein leicht herausgearbeitetes Muster. Wappen dienen schon lange als Dekoration; sogar eine einfache geometrische Gestaltung kann sehr reizvoll aussehen.

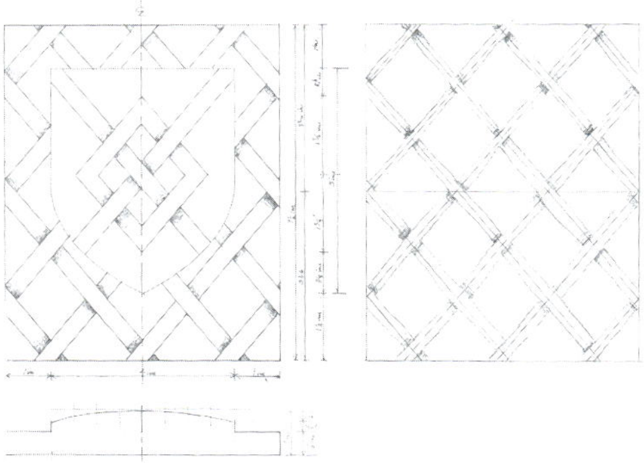

1 Fertigen Sie für Ihre Schnitzarbeit eine genaue Zeichnung des Wappens mit Gitterwerk an (Technik 3) und dazu eine Skizze vom Hintergrund ohne Wappen, um sicherzustellen, dass sich das hinterlegte Gitter in der richtigen Position befindet, wenn das Wappen platziert ist.

2 Zeichnen Sie auf Vorder- und Rückseite die Mittellinie ein. Ein Raster ist nicht unbedingt erforderlich, aber einige Orientierungslinien sind hilfreich. Zeichnen Sie die Begrenzungslinien für das Wappen: links und rechts der Mittellinie parallel in einem Abstand von 50 mm, parallel zur oberen Kante in einem Abstand von 25 mm und nochmals parallel dazu im Abstand von 125 mm. Fertigen Sie eine Papierschablone des Wappens an (Technik 4). Legen Sie sie auf das Holz und übertragen Sie die Bogen des Wappens.

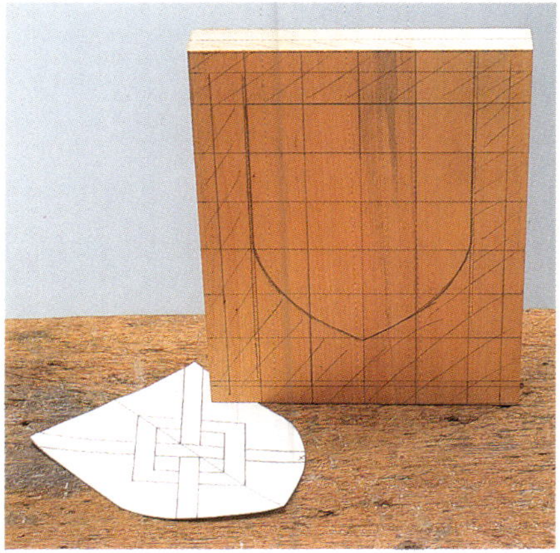

3 Markieren Sie auf allen vier Seiten des Bretts die Höhe des Hintergrunds. Ritzen Sie diese Linie mit einem Streichmaß ein. Stechen Sie das Holz um das Wappen herum mit einem Beitel Nr. 8 oder 9 mit ein wenig Abstand von der Umrisslinie ab (Technik 7). Entfernen Sie das Abfallholz bis etwa 2 mm vor der Markierung.

4 Setzen Sie ein Balleisen an der Umrisslinie an und stechen Sie den Rand des Wappens senkrecht ab. Dafür eignet sich am besten ein Stemmeisen mit einseitigem Schliff. Den Hintergrund tragen Sie bis auf die Markierungslinien glatt ab.

5 Stellen Sie für die Oberflächenkrümmung des Wappens eine Schablone her (Technik 4). Markieren Sie auf ihr die Mittellinie und Linien im Abstand von jeweils 12 mm. Markieren Sie diese Linien mit gleichen Abständen auf dem Wappen und an den oberen und unteren Rändern. Benutzen Sie die Schablone, um die Wölbung der Oberfläche zu markieren. Hobeln Sie das Abfallholz mit einem Schabhobel weg (Technik 20).

6 Überprüfen Sie die Form mit der Schablone und erneuern Sie die Markierungen, die entfernt wurden. Es ist wichtig, dass die Krümmung auf beiden Seiten der Mittellinie identisch ist.

7 Mit Papierschablonen werden die Gewebemuster des Wappens und des Hintergrunds angelegt. Zeichnen Sie die Linien noch mit einem Bleistift und einer Stahlschiene nach. Schraffieren Sie die Seiten der Streifen an den Kreuzungsstellen, um zu verdeutlichen, wie sie miteinander verwoben sind.

8 Nehmen Sie ein Anreißmesser und eine Stahlschiene, um die Schnittstellen aller Linien zu markieren. Auf der Wölbung des Wappens benutzen Sie ein flexibles Metallstück, zum Beispiel das Sägeblatt einer alten Handsäge.

9 Stechen Sie das Feld des Wappens ab (Technik 7) und heben Sie den Grund aus, einschließlich der Diamantformen im Gewebe. Dabei muss die Krümmung des Wappens nach Augenmaß abgeschätzt werden.

10 Überprüfen Sie die Tiefe mit einem Messschieber. Dazu können Sie auch ein provisorisches Tiefenmaß verwenden wie bei Projekt 1. Bei einem Wappen dieser Größe sind 2 mm Tiefe ausreichend.

11 Heben Sie dünne Späne mit einem Balleisen ab, um die Oberfläche fertig zu stellen.

12 Um den Eindruck des Gewebemusters zu erzielen, schneiden Sie eine leicht gekrümmte Schräge in die Bänder, die an der mit dem Messer markierten Linie endet. Falls erforderlich, muss der Span an dieser Linie abgestochen werden (Technik 7). Gestalten Sie alle diese Stellen so ähnlich wie möglich.

13 Wenn das Gewebemuster auf dem Wappen fertigt ist, wird der Hintergrund auf gleiche Weise geschnitzt.

14 Für die schwarze Farbe mischen Sie Graphitpulver mit Schellack, für den weißen Anstrich wird Kaseinfarbe mit Wasser verdünnt. Beides wurde mit Schellack versiegelt. Der Hintergrund wird gebeizt, versiegelt und gewachst.

Projekt 3

Salatbesteck

Das wird gebraucht

Zum Schnitzen:
festes Hartholz, das weder giftig ist noch einen starken Eigengeschmack hat, zum Beispiel Buche, Buchsbaum, Kirschbaum, Ahorn, Platane.
Hier wurde Kirschbaum ausgewählt:
etwa 280 x 50 x 25 mm
Balleisen und Hohleisen
Bügelsäge
Schabhobel
Raspel, Grobfeile
Schleifpapier, Korn 120, 220 und 320

Zur Oberflächenbehandlung:
Speiseöl

Verwendete Arbeitstechniken:
1, 2, 3, 4, 12, 20, 21

Trotz seiner Schlichtheit erfordert die Herstellung dieses Salatbestecks Techniken, die auch für andere Schnitzarbeiten nützlich sind. Es wurde so entworfen, dass es stabil und passend ist, um alle Arten von Salat und Dressing zu servieren. An den Griffen können Sie üben, diagonal verlaufende Vertiefungen mit dem Hohleisen zu schneiden. Die Maße können Sie so verändern, wie es Ihnen am besten passt.

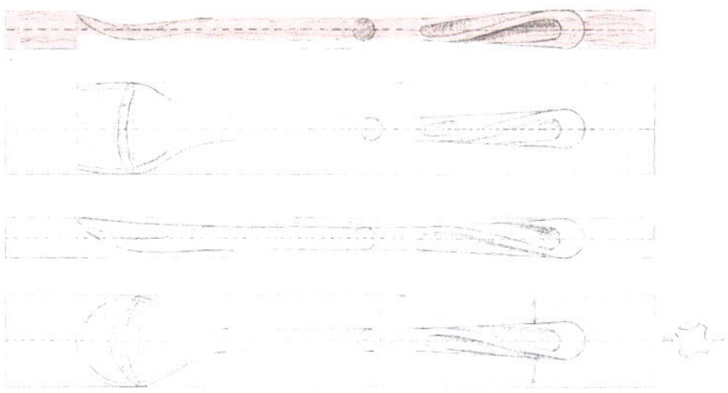

1 Entwerfen Sie Ihr Besteck passend zu Ihrer Lieblingsschüssel oder für den allgemeinen Gebrauch. Notieren Sie Gesichtspunkte, die berücksichtigt werden sollten, wie Stabilität, leichtes Reinigen und Handlichkeit. Zeichnen Sie Pläne in der Draufsicht und der Seitenansicht (Technik 3). An jedem Ende müssen Reststücke eingeplant werden, um das Einspannen zu ermöglichen.

2 Fertigen Sie nach den Plänen Schablonen an (Technik 4). Zeichnen Sie die Mittellinien auf der Vorder- und Rückseite der Holzstücke und über die Enden. Legen Sie die Schablone auf und übertragen Sie die Umrisse. Das Abfallholz muss deutlich schraffiert werden. Benutzen Sie einen Anschlagwinkel, um wichtige Bezugspunkte auf alle Seiten des Holzstücks zu übertragen. Diese helfen Ihnen, die Schablonen an den Seiten und auf der Unterseite auszurichten. Dann werden auch dort die Umrisse übertragen.

3 Klemmen Sie das Werkstück möglichst immer mit Schraubzwingen an den Endstücken fest. Setzen Sie viele Sägeschnitte senkrecht zur Oberfläche (Technik 12) bis kurz vor die Umrisslinien auf den Seiten. (Alternativ können Sie mit einer Bügelsäge, Bandsäge oder Laubsäge an den Linien entlangsägen.)

4 In mehreren Schritten werden die kleinen Blöcke fast bis zur Linie weggeschnitten. Auf diese Weise können Sie das Ergebnis besser kontrollieren, als wenn Sie den ganzen Block auf einmal entfernen. So haben Sie die Möglichkeit, zu beobachten, wie sich die Holzfasern verhalten. Nach der groben Bearbeitung der Seiten zeichnen Sie die Profile noch einmal auf. Wiederholen Sie die Sägeschnitte und das Abtragen mit dem Beitel auf der Ober- und Unterseite. Schneiden Sie das Holz vorsichtig weg, um einen rechtwinkligen Querschnitt herauszuarbeiten. Lassen Sie möglichst viel Holz an den Verbindungen zwischen dem Besteckteil und den Endstücken stehen. Erneuern Sie die notwendigen Hilfslinien, die weggeschnitten wurden.

5 Markieren Sie mit Bleistift alle vier Seiten der Griffe in der Mitte zwischen der Mittellinie und der rechtwinkligen Kante.

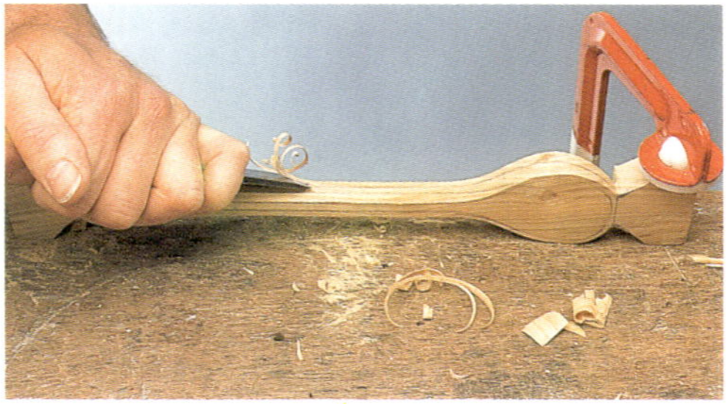

6 Mit einem Balleisen werden die Ecken zwischen den Markierungen, die in Schritt 5 angelegt wurden, weggeschnitten. So entstehen Abschrägungen und ein achteckiger Querschnitt. Für diese Arbeiten können Sie einen Schabhobel benutzen (Technik 20).

7 Runden Sie die Griffe mit einem Hohleisen Nr. 7 mit einer Schneidfase auf der Innenseite ab. Sie könnten ebenso auch ein gekröpftes Hohleisen, einen Schabhobel oder eine Raspel benutzen. Prüfen Sie mit einem Zirkel oder Messschieber, ob beide Griffe den gleichen Durchmesser haben. Hier beträgt er etwa 12 mm.

9 Schnitzen Sie die Innenseite der Löffelhöhlung mit einem Hohleisen Nr. 7. Arbeiten Sie wechselweise in Richtung der Maserung und quer dazu. Sie arbeiten am Anfang quer zur Faser und schnitzen von einer Seite her, dann von der anderen.

8 Die Außenseite der Löffelhöhlung wird mit einem breiten Balleisen oder einem umgekehrten Hohleisen Nr. 3 geformt. Die gewölbte Rückseite der Gabel wird auf gleiche Weise geschnitzt. Weiterhin soll möglichst viel Holz zwischen den Besteckteilen und den Endstücken stehen bleiben.

10 Dann wird in Faserrichtung von den Enden her zur tiefsten Stelle geschnitzt. Arbeiten Sie weiter wechselweise in Faserrichtung und quer zu ihr, bis Sie die gewünschte Tiefe erreichen.

11 Benutzen Sie ein Balleisen oder ein Hohleisen Nr. 3, um die Oberflächen der Bestecke fertig zu stellen. Legen Sie zur Kontrolle hin und wieder ein Lineal an. Lassen Sie einen flachen, schmalen Rand stehen, um der Löffelhöhlung Stabilität zu geben.

12 Schnitzen Sie die Vertiefungen an den Griffen in mehreren Durchgängen, weil eine Seite des Hohleisens zuerst gegen die Faserrichtung schneidet und Stücke abspalten könnte. Entfernen Sie etwas von dem Holz, das den Griff mit dem Abfallblock verbindet. Zeichnen Sie die Vertiefungen freihändig. Alle vier beginnen und enden im gleichen Abstand am Griff. Jede Vertiefung dreht sich um 90 Grad. Sie fängt oben an und endet an der Seite. Benutzen Sie ein 13 mm breites Hohleisen Nr. 8, 9 oder 10 für den ersten, nicht zu tiefen Schnitt. Drehen Sie den Beitel beim Schnitzen in Längsrichtung um 90 Grad.

13 Nun schneiden Sie etwas tiefer in entgegengesetzter Richtung und schnitzen Sie die Seite, die der Faserrichtung folgt. Vermeiden Sie es, in die Seite zu stemmen, die gegen die Faserrichtung verläuft. Arbeiten Sie mehrfach in jede Richtung. Schneiden Sie immer mit der Faserrichtung, bis die Rinne tief genug ist. Das hängt auch von der Maserung des Holzes und von dem benutzten Werkzeug ab.

14 Wenn Sie tief schnitzen, werden Sie ein gekröpftes Hohleisen benötigen, um das tiefe Ende fertig zu stellen, wie das Bild zeigt. Beachten Sie, dass die Windungen an den Griffen in entgegengesetzte Richtungen laufen. Aber Sie können sie auch auf beiden Teilen in die gleiche Richtung laufen lassen, wenn Sie es vorziehen.

15 Schneiden Sie die äußeren Zinken. Trennen Sie dann die unteren Enden des Löffels und der Gabel mit einer Laubsäge von den Blöcken. Schneiden Sie die restlichen Zinken aus.

16 Mit einem Balleisen werden Löffel und Gabel in die endgültige Form gebracht.

17 Säubern Sie die Innenseiten der Zinken mit einer kleinen Feile (Technik 20).

18 Schnitzen Sie so weit Sie können mit einem umgekehrten Hohleisen Nr. 7 um die Enden der Griffe herum. Die Blöcke werden mit einer Laubsäge abgeschnitten. Säubern Sie die rauhen Enden mit einem Beitel.

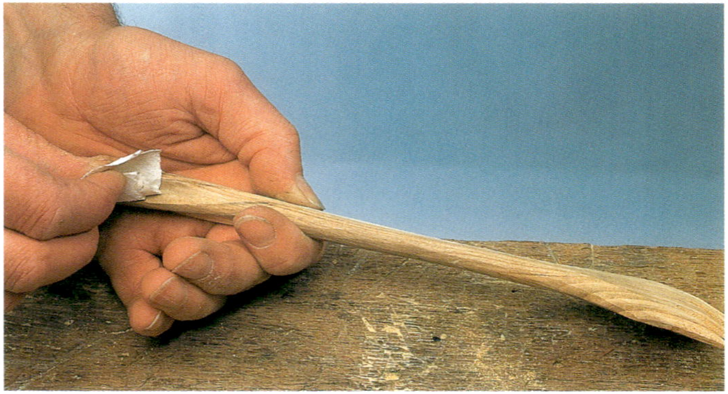

19 Schleifen Sie Ihr Salatbesteck, damit es sich für das Servieren von Speisen und häufigen Gebrauch eignet. Reiben Sie es zuerst mit Glas- oder Granat-Schleifpapier (Korn 120) ab. Wenn das Besteck überall glatt ist, befeuchten Sie das Holz und lassen es trocknen.

20 Durch die Feuchtigkeit stellen sich die losen Fasern auf. Schleifen Sie die Oberflächen noch einmal mit einem feineren Schleifpapier (Korn 220). Das Besteck wird wieder befeuchtet und nach dem Trocknen ein drittes Mal mit Schleifpapier (Korn 320) behandelt. Zum Schutz wird das Holz mit Speiseöl eingerieben.

21 Das fertige Salatbesteck stellt nicht nur ein nützliches, sondern auch ein gefälliges Utensil dar, das man gerne in die Hand nimmt.

Projekt 4

Schmuckkästchen

Das wird gebraucht

Zum Schnitzen:
Reststücke von Amerikanischem Nussbaum;
Deckel und Boden: 95 x 95 x 20 mm
Korpus: 95 x 95 x 50 mm
Bohrmaschine
Bügelsäge
Schraubenzieher
Balleisen und Hohleisen
Klüpfel
Anreißmesser
Stahlschiene
acht Messingschrauben (Senkkopf, 32 mm)
Holzleim
feines Glas- oder Granatschleifpapier

Zur Oberflächenbehandlung:
Öl und Wachs

Verwendete Arbeitstechniken:
1, 2, 3, 4, 7, 13, 15, 20, 21

Dieser kleine Kasten mit Deckel bietet eine gute Möglichkeit, Holzreste von anderen Projekten zu verwerten. Man kann jedes Holz verwenden; die Maße können verändert werden. Das Schnitzwerk auf dem Deckel ist ein flaches Relief. Das Motiv geht zurück auf die alte keltische Verzierung eines Schwertes, wurde aber stark verändert.

1 Zeichnen Sie die Draufsicht- und Aufrisspläne im Maßstab 1:1 (Technik 3). Zeichnen Sie auch den Entwurf für den Deckel.

2 Das Kästchen besteht aus drei Teilen. Zeichnen Sie die Konstruktionslinien für den Falz (Technik 15), den hohlen Innenraum und die Vertiefungen in den Außenseiten. Auf der Oberseite des Deckelstücks wird der Rand des geschnitzten Feldes markiert. Auf der Unterseite zeichnen Sie die Begrenzungslinien für die Aussparung. Markieren Sie die Verbindungsstellen, so dass diese immer richtig zusammengefügt werden.

3 Bohren Sie in den Ecken durch das Mittelstück (Technik 13). Mit einer Bügelsäge (Technik 20) wird die Masse des Holzes aus der Mitte entfernt. Sie können auch eine Laubsäge benutzen, vorausgesetzt das Werkstück kann so eingespannt werden, dass genug Spielraum für die Handhabung der Laubsäge bleibt. Das Holzstück muss ohne Behinderung des Sägeblatts festgehalten werden können. Glätten Sie die Innenseiten mit einem Balleisen. Beginnen Sie mit einem schmalen Hohleisen (Nr. 8 oder 9) die Vertiefungen (Technik 7) auf der Außenseite auszustechen.

4 Für die weitere Bearbeitung der Vertiefungen benutzen Sie ein breites Hohleisen Nr. 8. Bevor Sie die Unterkante erreichen, stoppen Sie, um zu vermeiden, dass das Holz ausbricht. Drehen Sie das Werkstück herum, um die Vertiefungen fertig zu stellen.

5 Der Boden wird angeschraubt. Bohren Sie acht gleichmäßig verteilte Löcher für die Senkkopfschrauben im Abstand von 6 mm von der Außenkante. Um das Holz auf der Unterseite des Deckels auszustechen, arbeiten Sie mit einem Hohleisen Nr. 8 oder 9 knapp an der Linie entlang. Mit demselben Hohleisen wird der größte Teil des Abfallholzes bis auf 2 mm zur gesamten Tiefe abgetragen.

6 Stechen Sie das Holz mit einem Balleisen an der Linie ab und benutzen Sie einen gekröpften Beitel, um die endgültige Tiefe von 8 mm auszuheben (Technik 7). Im nächsten Schritt wird der Falz mit einem Hohhleisen Nr. 8 oder 9 am oberen Rand des Mittelstücks geschnitten.

7 Drehen Sie das Mittelstück um, tragen Sie Leim dünn auf der Unterseite auf und drücken Sie den Boden in die richtige Position. Setzen Sie die Schrauben ein und ziehen Sie sie fest.

8 Wenn der Leim abgebunden hat, drehen Sie das Kästchen um. Stellen Sie den Falz mit einem Balleisen fertig. Probieren Sie den Deckel von Zeit zu Zeit aus, um die Passgenauigkeit zu prüfen. Wenn der Deckel gut passt, werden die oberen Kanten des Falzes abgeschrägt.

9 Übertragen Sie die Zeichnung mit Kohlepapier auf den Deckel (Technik 4). Ziehen Sie die Linien, wenn erforderlich, nach, damit sie deutlich zu erkennen sind. Sie können feine weiße und schwarze Wachsstifte verwenden.

10 Reißen Sie die Grenzlinie mit einem scharfen Messer und einer Stahlschiene an. Stechen Sie die Kante ab (Technik 7) und beginnen Sie damit, den Hintergrund zu schnitzen.

11 Die Darstellung wird gleichmäßig bearbeitet. Zum Ausstechen des Holzes wählen Sie Beitel aus, die zu den Formen passen. Die Oberfläche bleibt fast eben, sie fällt leicht ab zu den Linien, so dass diese herausgehoben werden. Technik 1 informiert darüber, wie man die Mähne und andere spitze Formen herausarbeitet. Die Nüstern werden gebohrt.

12 Stellen Sie den Deckel hochkant auf und prüfen Sie die Schnitzarbeit kritisch bei guter Beleuchtung. Dann werden die Hintergrundbereiche glatt ausgehoben. Schnitzen Sie die restlichen noch unvollendeten Details.

13 Wenn diese Arbeiten abgeschlossen sind, wird die geschnitzte Oberfläche auf einen Bogen Glasschleifpapier gelegt und vorsichtig geschliffen, um die aufgezeichneten Linien zu entfernen. Spannen Sie das Kästchen und den Deckel zusammen ein und glätten Sie die Seiten und die Ecken.

14 Das fertige Schmuckkästchen wird mit Öl behandelt und dann gewachst.

Projekt 5

Eulenrelief

Das wird gebraucht

Zum Schnitzen:
Linde, Jelutong oder anderes Holz ohne ausgeprägte Maserung: 230 x 150 x 40 mm
Flach- und Hohleisen
Bügelsäge oder Bandsäge
Ziehklinge oder Glas
Haltebrett für die Rückseite
Holzleim (PVA-Leim)
feines Glas- oder Granatschleifpapier
Schleiflack
0000-Stahlwolle

Zur Oberflächenbehandlung:
Wachspolitur

Verwendete Arbeitstechniken:
1, 2, 3, 4, 6, 7, 20, 21

Diese Darstellung einer kleinen Eule wurde durch eine alte griechische Münze aus dem Jahr 440 v. Chr. inspiriert. Wenn Sie eine Idee für eine Schnitzarbeit haben, sollten Sie Beispiele ähnlicher Objekte suchen und dann eine eigene Version entwerfen, anstatt etwas zu kopieren, was Sie gesehen haben. Stellen Sie sich beim Planen der Oberflächenmuster vor, welche Schnitte Ihre Werkzeuge machen können.

1 Wenn Sie mit Ihren Enwurfsskizzen zufrieden sind, zeichnen Sie die ausgewählte Darstellung in der tatsächlichen Größe (Technik 3). Übertragen Sie die Grundstruktur mit Kohlepapier auf das Holz.

2 Schneiden Sie mit einer Bügelsäge oder einer Bandsäge um den Umriss herum (Technik 20). Hobeln Sie die Rückseite glatt. Mit Leim wird die Eule auf ein 20 mm dickes Brett oder eine Sperrholzplatte geklebt, wobei Sie Zeitungspapier zwischen beide Teile leimen. Spannen Sie die Teile über Nacht ein.

3 Bearbeiten Sie das ganze Werkstück gleichmäßig und schneiden Sie die Rundungen des Körpers und die Grundformen grob heraus. Verwenden Sie zunächst ein Hohleisen Nr. 7 oder 8, gefolgt von flacheren Beiteln. Schrittweise schneiden Sie die entstandenen Grate weg.

4 Beachten Sie beim Schnitzen, dass die beiden flachen Kreise für die Augen auf beiden Seiten schräg in einem ähnlichen Winkel zur Mittellinie des Gesichts stehen. Stechen Sie die Ränder der kreisförmigen Augen und des Schnabels ab (Technik 7). Nun wird der konkave Bogen des Halses geschnitzt, der in die Wölbung des Körpers übergeht. Ein Entwurfsmodell (Technik 6) von diesem Bereich kann Ihnen helfen, bei den sich ständig verändernden Profilen den Überblick zu behalten.

5 Falls erforderlich, zeichnen Sie die weggeschnittenen Linien immer wieder nach. Tragen Sie mit einem Bleistift das Detail ein, das als Nächstes geschnitzt werden soll.

6 Bringen Sie alle Bereiche des Werkstücks auf den gleichen Bearbeitungsstand, bevor Sie weitermachen, so dass die gesamte Oberfläche der Eule zu jedem Zeitpunkt mehr oder weniger einheitlich ist.

7 Wenn der Vogelkörper fast fertig ist, werden die Details der Federn aufgezeichnet.

8 Stechen Sie das Muster der Federn aus (Technik 7). Schaben Sie die Oberfläche mit einer Ziehklinge oder einer Glasscherbe glatt. Die Markierungen werden erneuert, wo es erforderlich ist, um weitere Details zu schnitzen. Geben Sie den Augen ihre Rundung. Die Kreise werden von den Rändern zur Mitte hin etwas eingetieft.

9 Wenn das Muster der Flügelfedern herausgearbeitet ist, stellen Sie die flache Aushöhlung der Augenkreise fertig.

10 Benutzen Sie ein Hohleisen Nr. 10 oder 11, um die Kreise um die Augen auszuzacken. Für die strahlenförmigen Einkerbungen verwenden Sie einen Geißfuß. Stechen Sie die Federn am Kopf aus.

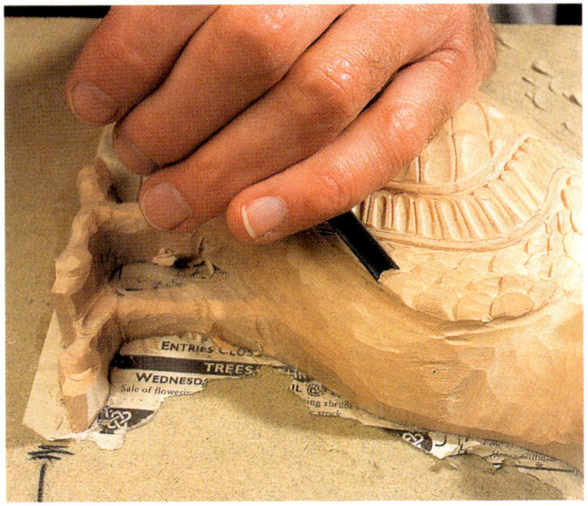

11 Nun werden die Vertiefungen in die Federn der Flügel geschnitten und die schuppenförmigen Federn auf den Schultern geschnitzt.

12 Deuten Sie Schwanzfedern an, indem Sie ein paar flache Rillen in den Schwanz schneiden. Stechen Sie die Beinfedern ab. Um die Beine herum werden kurze Rillen geschnitzt, um eine schuppige Textur anzudeuten. Formen Sie die Füße und Krallen.

13 Verfeinern und glätten Sie das Muster und alle Oberflächen. Schleifen Sie das Werkstück leicht ab, um alle Bleistiftspuren zu entfernen.

14 Lindenholz ist ideal für dieses Oberflächenmuster, weil es keine störende Maserung aufweist. Auf die Oberfläche der Eule tragen Sie drei Schichten Schleiflack auf, die Sie mit Stahlwolle oooo abreiben. Dann folgt die Wachspolitur.

Projekt 6

Spiegelrahmen

Das wird gebraucht

Zum Schnitzen:
beide Rahmen und ihre Rückwände werden aus einem Lindenholzbrett mit den Maßen 280 x 200 x 75 mm geschnitten
die Tiefe des Falzes entspricht der Dicke des Spiegels + 2 mm
Spiegel, zugeschnitten
Bandsäge
Bügelsäge
Hobel
Hammer und Dorn
Schraubenzieher und Schrauben
Balleisen und Hohleisen
Klüpfel

Zur Oberflächenbehandlung:
Leinöl, Schellack, Farbe und Wachs

Verwendete Arbeitstechniken:
1, 2, 3, 4, 7, 8, 13, 15, 20, 21

Diese beiden Rahmen sind seitenverkehrt identisch. Sie geben Variationen der Laubverzierungen (Akanthusblätter) wieder, die ihren Ursprung im alten Griechenland haben. Nach der Renaissance wurden sie in Europa wieder entdeckt und weiterentwickelt. Seither werden sie als Dekorationen genutzt.

1 Wenn Ihr Entwurf fertig ist, fertigen Sie eine Zeichnung des Rahmens in der tatsächlichen Größe an (Technik 3). Kleben Sie eine Fotokopie der Zeichnung auf das Lindenholzbrett. Lassen Sie es trocknen. Wenn möglich, sägen Sie mit einer Bandsäge um den Umriss herum. (Mit einer Bügelsäge dauert das zu lange.) Dann trennen Sie das Brett in der Mitte und hobeln die getrennten Oberflächen. Schneiden Sie weitere 5 mm von jeder inneren Oberfläche ab, um die Rückwände herzustellen. Hobeln Sie die dickeren Stücke nochmals.

2 (Anmerkung: Auf den Fotografien sind beide Rahmen zu sehen.) Bohren Sie Löcher in die Mitte der Rahmen und in die Stellen, die ausgespart werden. Sägen Sie mit einer Bügelsäge an der Linie der Öffnung entlang und entfernen Sie das Mittelstück.

4 Leimen Sie den Rahmen auf ein Brett (wie bei Projekt 5). Stechen Sie die Formen und schnitzen Sie die Oberflächen (Technik 7) auf einer Seite. Stechen Sie die mittlere Rippe des anderen Blatts aus, indem Sie sie mit einem Beitel anreißen.

3 Markieren Sie die Tiefe und Breite des Falzes (Technik 15). Das Abfallholz wird schraffiert. Mit einem flachen Blumeneisen wird die Linie auf der Rückseite angerissen. Entfernen Sie den größten Teil des Abfalls mit einem Hohleisen Nr. 8 oder 9. Schließlich wird mit dem Balleisen sauber nachgearbeitet.

5 Schnitzen Sie die Erhebungen und Hohlformen. Ein gekröpftes Hohleisen wird bei den konvexen Formen eingesetzt, um der Hand mehr Spielraum zu geben. Versuchen Sie, die Teile beider Rahmen auf den gleichen Stand zu bringen. Betrachten Sie hin und wieder Bild 7, um das Gesamtbild im Kopf zu behalten. Linien werden neu gezeichnet, wenn sie verschwunden sind.

6 Die Blätter wachsen aus den mittleren Blattrippen, und die Rippen und Adern treten aus dem Stamm an der Basis. Benutzen Sie ein tiefrundes Hohleisen, um die langen, fließenden Linien der Rippen und Adern zu formen.

7 Betrachten Sie Ihr Schnitzwerk kritisch, um zu prüfen, ob alle Teile miteinander harmonieren. Hängen Sie einen Rahmen neben einen Spiegel und vergleichen Sie das Spiegelbild mit dem anderen Rahmen. So stellen Sie fest, ob beide Rahmen gleichmäßig gestaltet sind. Betrachten Sie dieses Foto genau im Hinblick auf die Formen und Effekte, die Sie erreichen wollen.

8 Die Blattformen werden weiter modelliert. Erneuern Sie die Zeichnung, wo dies erforderlich ist. Zeichnen Sie die Adern ein und schnitzen Sie sie mit einem gekröpften tiefrunden Hohleisen, wenn es schwierig ist, mit einem geraden Werkzeug zu arbeiten.

9 Vor dem Bearbeiten der Rückseite (Technik 8) sollten Sie den Rahmen von der Vorderseite aus unterschneiden (Technik 7). So ist es leichter, den Effekt zu erkennen, den man erreicht.

10 Die „Augen" sind zu klein, um sie sauber zu schnitzen. Deshalb stellen Sie ein Locheisen her (Technik 20) und stanzen damit ein Loch.

11 Lösen Sie den Rahmen vorsichtig mit einem Beitel vom Brett. Legen Sie ihn umgekehrt auf eine gefaltete Decke und schnitzen Sie das Blattwerk von hinten fertig (Technik 8).

12 Legen Sie den Rahmen auf die Rückwand und markieren Sie mit Bleistift die Innenseiten des Falzes und der anderen Aussparungen. Reißen Sie die Linien mit einem Blumeneisen an. Schneiden Sie außen an der Linie entlang, so dass ein flacher Falz entsteht (Technik 15), damit die Rückwand genau hinter den Spiegel passt. Außerhalb des Falzes werden Akanthusblätter etwa 12 mm breit gezeichnet, lassen Sie dabei die Aussparungen und die hinterstochene Kante aus, da man hier die Rückwand von vorne sehen könnte.

13 Die Rückwand ist so dünn, dass Sie das Abfallholz mit einem Beitel oder einem scharfen Messer abschälen können. Auf die gleiche Weise werden die Blattformen geschnitten. Passen Sie die Rückwand ein und schneiden Sie Stellen zurück, wo es erforderlich ist. Die Kanten werden abgeschrägt. Dann wird die Rückwand hinter dem Spiegel in den Rahmen gedrückt. Sichern Sie sie mit zwei Messingschrauben.

14 Wenn die Arbeitsschritte, die scharfe Beitel erfordern, abgeschlossen sind, wird der Rahmen leicht abgeschliffen. Die Oberfläche wird mit Öl, Schellack, Farbe und Wachs behandelt. Dunkeln Sie den Falz ab, um zu verhindern, dass das Licht durch die Kante des Spiegelglases gebrochen wird.

Projekt 7

Turnierschild

Das wird gebraucht

Zum Schnitzen:
Lindenholz,
200 x 175 x 25 mm
Bügelsäge, Laubsäge oder Bandsäge
Balleisen und Hohleisen
Geißfuß oder tiefrundes Hohleisen
feines Glas-Schleifpapier

Zur Oberflächenbehandlung:
rote, weiße und blaue Kaseinfarbe, farbloser Schellack und Graphitpulver

Verwendete Arbeitstechniken:
1, 2, 3, 4, 7, 8, 20, 21

Die europäischen Turnierschilde variierten beträchtlich in ihrer Form. Einige waren unsymmetrisch und hatten einen Einschnitt, um den Schaft der eingelegten Lanze zu stützen. Die symmetrische Form, die für dieses Projekt ausgewählt wurde, stammt von einem deutschen Schild aus dem Jahr 1511. Das flache Relief-Schnitzwerk ist von einem leicht konkaven Feld umgeben. Sie können ein beliebiges Holz mit dichter Maserung verwenden.

1 Nach einem Studium der historischen Schilde fertigen Sie eine Zeichnung der ausgewählten Form und des geeigneten Motivs – hier ein sprungbereiter Löwe – in Originalgröße an (Technik 3). Heraldische Figuren werden häufig der Schildform angepasst und sollen nicht realistisch sein.

2 Stellen Sie eine Papierschablone her. Sie wird auf das Holz gelegt. Zeichnen Sie um den Umriss herum (Technik 4). Zeichnen Sie die Mittellinie und fügen Sie ein Gittermuster hinzu, das beim Schnitzen des Löwen nützlich sein kann, besonders wenn Teile weggeschnitten werden. Die einzige wichtige Markierung ist die Mittellinie. Pausen Sie den Löwen ab.

3 Bringen Sie die Zeichnung sorgfältig in Position und übertragen Sie diese mit Kohle- oder Graphitpapier (Technik 4) auf das Holz. Vor dem Entfernen der Vorlage heben Sie eine Ecke an, um zu prüfen, ob die Zeichnung deutlich und vollständig ist.

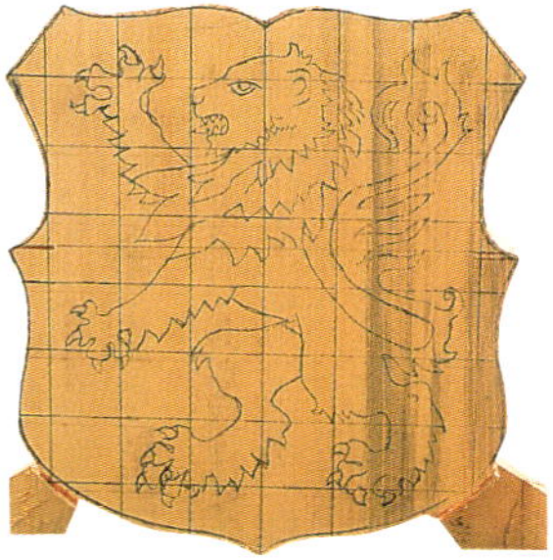

4 Sägen Sie mit einer Bügel-, Laub- oder Bandsäge am Umriss des Schilds entlang. Lassen Sie zwei Zapfen stehen, damit der Schild beim Schnitzen eingespannt werden kann. Sägen Sie die Zapfen nahe am Umriss des Schilds von oben bis zur Hälfte ein und tragen Sie den oberen Teil des Holzes ab.

5 Mit einem Geißfuß oder einem tiefrunden Hohleisen schneiden Sie eine Rinne ziemlich nahe an der Begrenzungslinie der Zeichnung. Arbeiten Sie gleichmäßig und stechen Sie die Formen mit Hohleisen ab (Technik 7). Folgen Sie der Zeichnung möglichst genau, lassen Sie aber die Werkzeuge die Formen bestimmen.

6 Lassen Sie außen einen 3 mm breiten Rand stehen und nehmen Sie ein flaches Hohleisen, um eine leicht konkave Oberfläche vom Rand bis zum Umriss des Löwen zu formen. Blumeneisen sind dort hilfreich, wo der Raum begrenzt ist.

7 Überarbeiten Sie das Feld mehrmals und beurteilen Sie die Krümmung der Oberfläche mit dem Auge. Benutzen Sie kleine, gekröpfte oder schräge Balleisen, um in schwierige Ecken zu gelangen. Für die schmalen Hohlformen können sowohl gerade als auch gekröpfte Beitel benutzt werden.

8 Schälen Sie dünne Späne von Stellen wie dem rechten Vorderbein oder der Mähne ab, an denen eine Form unter die Nächste zu ragen scheint. Stechen Sie die obere Linie des Auges mit einem 10 mm breiten Hohleisen Nr. 6 aus, dann die Linien des unteren Augenlids mit einem 6,5 mm breiten Hohleisen Nr. 8. Dabei drücken Sie das Heft des Werkzeugs sofort nach unten, um kleine Splitter auszugraben. Stechen Sie die Iris mit einem 3 mm breiten Hohleisen Nr. 9 oder 10.

9 Die Kanten der Beine, des Schwanzes und Teile des Kopfes und des Körpers werden abgefast – auf Foto 13 sind diese Stellen zu erkennen. Wie bei Technik 1 dargestellt, schneiden Sie dreieckige Späne aus der Mähne heraus. Das Schnitzwerk ist flach, wirft aber genug Schatten, um gut herauszukommen.

10 Die maximale Tiefe des Felds beträgt etwa 3 mm, so dass die Zunge um etwa 2 mm und die Zähne um etwa 1 mm tiefer zu legen sind. Nehmen Sie ein kleines Hohleisen Nr. 8, um den hinteren Teil des Mauls auszustechen. Mit einem kleinen Geißfuß oder Balleisen stechen Sie die Zähne aus.

11 Schnitzen Sie die Zehen und Krallen mit Hohleisen, die zu den Formen passen. Diese Teile können mit einfachen Hohleisenschnitten angedeutet werden. Schließen Sie das Anfasen der Gliedmaßen und die leichte Formung des Körpers ab. Mit kurzen Schnitten mit einem Geißfuß deuten Sie die Haarbüschel an den Beinen und am Schwanz an. Nun wird das ganze Schnitzwerk überarbeitet. Die Oberflächen und Formen werden verfeinert und gesäubert.

12 Markieren Sie die Seiten in einer Höhe von 10 mm unter der Oberfläche. Legen Sie den Schild mit der Vorderseite nach unten auf eine gefaltete Decke. Zeichnen Sie eine Linie parallel zum Umriss in einem Abstand von 25 mm von der Kante. Schneiden Sie hinunter zur Höhenlinie, so dass eine Fase entsteht.

13 Schneiden Sie in einige der größeren Mähnenbüschel flache Vertiefungen und fasen Sie andere an. Verfeinern und säubern Sie alle Kanten. Die Vorderseite wird auf einen Bogen feines Glaspapier gelegt. Schleifen Sie in Faserrichtung, um alle Linien zu entfernen. Die Kanten des Rands werden abgerundet.

14 Der Schild wird versiegelt, angemalt und dann mit Schellack beschichtet. Schließlich bürsten Sie etwas dunkles Wachs über die Oberfläche, um die Linien zu betonen.

Projekt 8

Dekorierte Schale

Das wird gebraucht

Zum Schnitzen:
Apfelbaumholz oder ein anderes geeignetes Hartholz, ungefähr 405 x 405 x 180 mm
Balleisen und Hohleisen
Schabhobel
Säge
Winkelschleifer
Raspel
Hobel

Zur Oberflächenbehandlung:
Gemisch aus Polyurethan und Spiritus, Wachs oder Speiseöl

Verwendete Arbeitstechniken:
1, 2, 3, 4, 10, 20, 21

Schalen aus Holz haben einen besonderen Reiz, der über ihre visuellen und materiellen Qualitäten hinausgeht. Sie bieten ein unendliches Spektrum für Designideen, die von der einfachsten funktionalen Form bis zur ausgefallensten Gestaltung reichen Diese Schale hat eine äußere Gestalt, die nicht die innere Form widerspiegelt. Ein geschnitztes Muster auf der Außenseite vervollständigt den Entwurf.

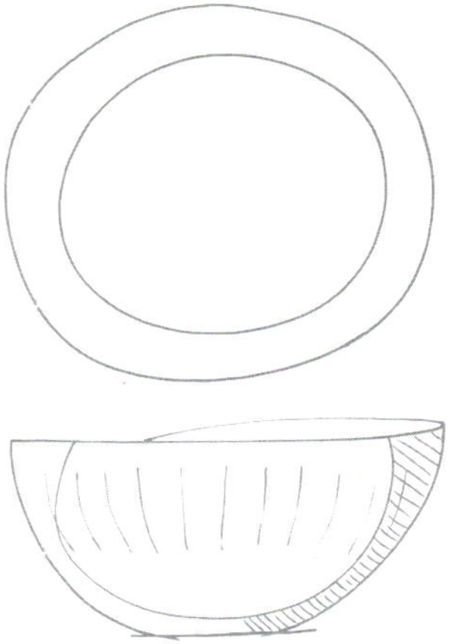

1 Skizzieren Sie Ihre Ideen, bis Sie eine befriedigende innere und äußere Form gefunden haben. Zeichnen Sie Ihren endgültigen Entwurf (Technik 3). Eine Querschnittzeichnung soll verdeutlichen, wie die Formen zueinander in Beziehung stehen. Zeichnen Sie die Symmetrieachsen ein, die wichtig für Ihren Entwurf sind.

2 Zeichnen Sie den Aufriss auf einen Holzblock oder auf das abgesägte Stück eines Baumstamms. Im Fall des Baumstamms berücksichtigen Sie dabei die natürlichen Risse und Spalten und zersägen Sie das Stück möglichst an diesen Linien.

3 Ebnen Sie die Oberfläche mit einem großen Beitel, einem Zimmermannsbeil (Dechsel), einem Schabhobel oder einer gebogenen Feile. Die Oberfläche muss nicht perfekt sein, aber glatt genug, um darauf zeichnen zu können. Zeichnen Sie die Form der Draufsicht auf das Holz. Drehen Sie das Stück um und glätten Sie die Unterseite mit einem Hobel, um einen flachen Boden zu erhalten.

4 Sägen Sie die Ecken mit einer Kettensäge, einer Bandsäge oder einer Handsäge ab. Formen Sie die Außenseite mit Ihrem größten Beitel (Technik 10).

5 Schnitzen Sie den äußeren Rand, so dass die Form herausgearbeitet wird. Stellen Sie die Schale auf einer Seite auf und arbeiten Sie mit der Maserung von der Mitte zum Ende einer Seite; dann wird die Schale umgedreht und der Vorgang auf der anderen Seite wiederholt.

6 Einige tiefe Schnitte quer zur Faser in das Innere der Schale beschleunigen das Aushöhlen. Die Schnitte in die Tiefe sollten ungefähr dem inneren Bogen folgen, aber genug Seitenrand stehen lassen. Benutzen Sie eine Kettensäge oder einen Winkelschleifer mit einer Holzsägescheibe. Das Holz muss sicher gehalten werden. Sie sollten die Werkzeuge nicht benutzen, wenn Sie nicht die erforderliche Fachkenntnis besitzen. Manche Kettensägen sind ungeeignet, weil sie einen Rückschlag haben. Die Sägeschnitte sind nicht entscheidend für den Erfolg Ihrer Arbeit. Sie können die ganze Schale auch nur mit Hohleisen aushöhlen (Technik 10).

7 Mit den größten Hohleisen, die Ihnen zur Verfügung stehen, höhlen Sie die Schale grob aus. Arbeiten Sie rund herum und schneiden Sie immer zur Mitte. Jedes Mal, wenn Sie Abfallholz entfernt haben, setzen Sie das Hohleisen näher am Rand an.

8 Gerade Hohleisen würden sich in die Wand der Schale graben. Deshalb werden gekröpfte Hohleisen für den größten Teil der Innenseite benutzt.

9 Scheuen Sie sich nicht, Ihren Entwurf zu verbessern. In diesem Fall entschloss sich der Schnitzer, die äußere Kante mit einem Bogen nach innen zu verlegen. So sägte er mit einer Bandsäge um den oberen Rand herum. Dann setzte er das Schnitzen der inneren und äußeren Formen fort, um die Harmonie zwischen ihnen zu erhalten. Entfernen Sie immer weniger Holz, je näher Sie der endgültigen Form kommen.

10 Wenn Sie in die Nähe des Schalenbodens kommen, setzen Sie ein löffelförmiges Hohleisen ein. Benutzen Sie den Klüpfel gefühlvoll, da diese Eisen nicht für harte Schläge konstruiert wurden.

11 Nehmen Sie eine Raspel, um eine gleichmäßige Oberfläche herzustellen. Eventuell fällt es Ihnen leichter, das Blatt ohne Halterung zu benutzen. Danach wird geschliffen. Spülen Sie die Oberfläche ab, um den Schmirgelsand zu entfernen. Lassen Sie die Schale trocknen.

12 Markieren Sie die Position der äußeren Vertiefungen mit Hilfe eines Papiermusters. Dazu schneiden Sie einen Papierstreifen in der Länge des Schalenumfangs zu und machen darauf Markierungen in gleichen Abständen. Dann wird der Streifen um die Schale gelegt, die Markierungen werden übertragen. Die Rillen werden zuerst mit einem Geißfuß oder einem tiefrunden Hohlbeitel angelegt.

13 Die Böden der Vertiefungen werden als gerade Kerben senkrecht in die Außenwölbung geschnitten. Erweitern Sie die Rillen mit einem schrägen Balleisen oder einem Hohlbeitel Nr. 3. Setzen Sie die Spitze des Beitels an der tiefsten Stelle an und führen Sie die Schneide im gleichen Winkel von oben nach unten. Die Rille beginnt spitz, wird zur Mitte hin breiter und verengt sich wieder zu einer Spitze.

14 Tragen Sie eine Mischung aus Polyurethan und Spiritus auf, die Sie sofort wieder mit einem Papiertuch entfernen. Wenn die Schale trocken ist, wird sie gewachst oder mit Öl eingerieben.

Projekt 9

Kürbisdose

Das wird gebraucht

Zum Schnitzen:
Jelutongholz,
215 x 215 x 150 mm
Säge mit feiner
Zahnteilung
Hobel
Ziehklinge
Balleisen und Hohleisen
grobes und feines
Schleifpapier (Granat)

Zur Oberflächenbehandlung:
besonders helle Politur,
Wachspolitur

Für dieses Projekt wurden drei Stücke Jelutongholz sorgfältig gehobelt und mit Kaseinleim schichtverleimt, um einen Block mit den passenden Maßen zum Schnitzen herzustellen. Sorgfalt und Präzision sind erforderlich, aber das Resultat lohnt diesen Aufwand. Sie können auch ein anderes leichtes, einfach zu schnitzendes Hartholz verwenden.

1 Zeichnen Sie Pläne in Originalgröße von der Draufsicht, Seitenansicht und vom Querschnitt des Kürbisses (Technik 3). Die Zeichnungen werden benötigt, um Maße zu übertragen, Schablonen anzufertigen und als Vorlage beim Schnitzen zu dienen. Deshalb müssen die Pläne präzise sein. Markieren Sie eine Sägelinie in 65 mm Höhe vom Boden um den vorbereiteten Block herum. Sägen Sie ihn so ordentlich wie möglich durch.

2 Hobeln Sie die gesägten Oberflächen sorgfältig und glätten Sie sie anschließend mit einer Ziehklinge. Pausen Sie die Umrisslinie der Draufsicht ab und übertragen Sie diesen Umriss mit einem harten Bleistift und Kohlepapier auf die beiden Kontaktflächen des Blocks (Technik 4). Verwenden Sie die Vorderseite des Plans für den unteren Teil und die Rückseite für den Deckel, so dass beide Teile gut zusammenpassen. Zeichnen Sie auf der Innenseite Linien parallel zu den Umrisslinien in einem Abstand von 6 mm, um die Breite des Falzes im Unterteil und im Deckel festzulegen.

Verwendete Arbeitstechniken:
1, 2, 3, 4, 6, 7, 10, 15, 20, 21

3 Fangen Sie mit dem Unterteil an und stechen Sie das Holz an der Linie des Falzes aus (Technik 7). Arbeiten Sie mit einem Geißfuß oder einem tiefrunden Hohleisen parallel zur Linie. Dann werden Hohleisen mit den passenden Formen eingesetzt, um die Kante präzise zu schneiden. Räumen Sie die gesamte Fläche innerhalb der Linie bis zu einer Tiefe von 6 mm aus. Achten Sie darauf, dass das Holz direkt an der Innenseite der Linie flach und gleichmäßig eben wird, weil hier der Falz des Deckels eingreifen wird (Technik 15).

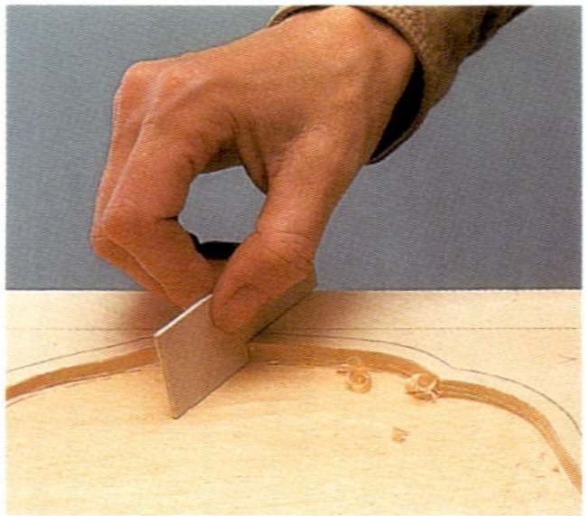

4 Eine Profilschablone aus Pappe, die rechtwinklig und mit der korrekten Tiefe zugeschnitten wurde, hilft Ihnen beim Prüfen der Genauigkeit Ihrer Arbeit.

5 Der Deckel muss genau sitzen. Schneiden Sie im Unterteil den Falz mit einer Tiefe von 6 mm aus und benutzen Sie die Pappschablone zur Kontrolle. Arbeiten Sie langsam und vorsichtig. Prüfen Sie die Passgenauigkeit des Deckels von Zeit zu Zeit, bis der Deckel gut aufliegt und nicht zu eng ist. Bei den nächsten Arbeitsschritten müssen Sie aufpassen, dass der Falz im Deckel und der Innenfalz im Unterteil nicht beschädigt werden, besonders wenn Sie weiches Holz verwenden.

6 Nun können Sie die beiden Teile zusammensetzen, wann immer es erforderlich ist, um den Fortschritt der Arbeit zu betrachten oder über die Verbindungsstelle hinweg zu schnitzen. Sägen Sie die Ecken ab und schneiden Sie grob eine ungefähr zylindrische Form (Technik 10). Schnitzen Sie die beiden Teile abwechselnd, so dass sie sich im gleichen Stadium befinden.

7 Zeichnen Sie Linien in einem Abstand von 6 mm von der Innenkante des Falzes, um die Dicke der Seitenwände festzulegen. Mit gekröpften Hohleisen können Sie nun das Unterteil und den Deckel grob aushöhlen, während die Oberseite und der Boden immer noch flach sind (Technik 10).

8 Arbeiten Sie die äußere Form grob heraus. Benutzen Sie eine Profilschablone (Technik 4). Schablonen sollten immer etwas größer sein als die endgültigen Maße, um sicherzustellen, dass sich die ganze Form rundherum gleichmäßig entwickelt.

9 Bearbeiten Sie das Unterteil auf gleiche Weise. Wieder wird eine Profilschablone eingesetzt, die etwas größer ist als das fertige Profil, damit Sie die Form beim Schnitzen prüfen können.

10 Wenn Sie der endgültigen Form näher kommen, sollten Sie nur noch kleine Schnitte mit dem Hohleisen machen, um die Formen feiner zu modellieren. Übertragen Sie die Form des Blatts auf das Oberteil. Dies muss nach Augenmaß gemacht werden. Es könnte hilfreich sein, vor der Fertigstellung der Form ein Entwurfsmodell herzustellen. Stechen Sie das Blatt aus. Setzen Sie die beiden Hälften zusammen, um sicherzustellen, dass die Formen nicht an der Verbindungslinie unterbrochen werden.

11 Bearbeiten Sie das Blatt und die Umgebung. Gestalten Sie die durchgängige Form, die darunter liegt. Der Stengel ragt nach oben heraus. Deshalb leimen Sie ein kleines Stück Holz so auf das obere Ende, dass die Maserung in Längsrichtung verläuft. Das freie Ende liegt auf dem Blatt. Richten Sie es sorgfältig aus. In diesem Arbeitsstadium ist es nicht mehr leicht, die beiden Teile festzuhalten. Befestigen Sie ein paar Klötze auf der Werkbank. Das Werkstück, das Sie schnitzen, wird stabilisiert, indem Sie es mit Ihrem Körper gegen die Klötze drücken.

12 Der Stengel kommt aus der Vertiefung in der Mitte des Kürbisses heraus. Er ist nach außen gebogen, wechselt dann die Richtung und endet über dem Blatt. Formen Sie die Vertiefung um den Stengelansatz und die abgerundeten Abschnitte. Schnitzen Sie den Stengelansatz fertig.

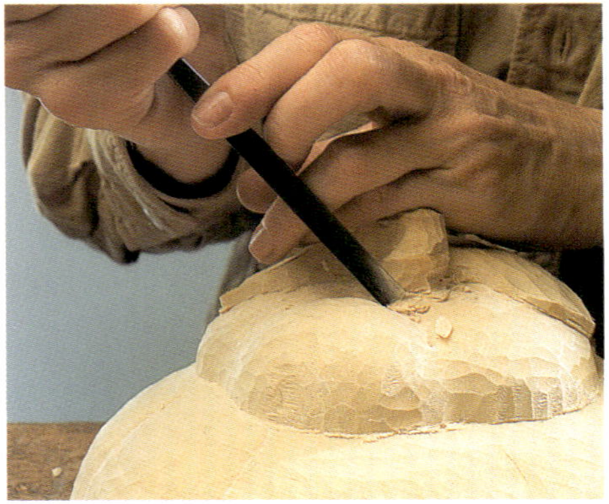

13 Die äußeren Formen der beiden Hälften sind fast fertig und müssen nur noch geglättet und verfeinert werden. Das Innere kann nun bis zum Endstadium ausgehöhlt werden (Technik 10).

14 Benutzen Sie ein gekröpftes Hohleisen, um beide Teile auszuhöhlen. Prüfen Sie immer wieder die Dicke der Seitenwände, indem Sie sie zwischen Daumen und Finger nehmen. Foto 19 zeigt Ihnen das Endergebnis. Die untere Hälfte hat einen flachen Boden. Sie kann deshalb mit einer Hand auf der Bank gehalten werden. Die obere Hälfte ist schwieriger zu halten. Sie muss auf einem Polster liegen, vielleicht in Ihrem Schoß.

15 Die Kürbisoberfläche muss geglättet werden. Mit grobem Granat-Schleifpapier entfernen Sie die Spuren der Hohleisen und runden die Form weiter ab. Obwohl das Blatt noch nicht fertig ist, hat der Kürbiskörper darunter schon eine brauchbare Form. Es ist wichtig, sich beim Arbeiten immer wieder die Form zu vergegenwärtigen – zum Beispiel beim Schnitzen der Einschnitte zwischen den Auswölbungen.

16 Arbeiten Sie einen Bodenring heraus, damit die Dose flach aufliegt. Zeichnen Sie zwei Kreise für die innere und äußere Begrenzung. Stechen Sie den Kelch in der Mitte mit einem Hohleisen Nr. 8 oder 9 aus. Dann schnitzen Sie vom inneren Kreis in einem leicht konvexen Bogen zur Mitte. Schleifen Sie die Oberfläche, um die Beitelspuren zu beseitigen und die Formen auszugleichen. Bild 20 zeigt, wie der Kelch aussieht.

17 Schnitzen Sie die Adern, die Zähne und die anderen Details des Blatts. Beachten Sie den Gegensatz zwischen der Textur des Stengels und dem lebendigen Bogen des Blatts. Die Modellierung der Blattoberfläche wird hauptsächlich mit Hilfe von Sandpapier erreicht.

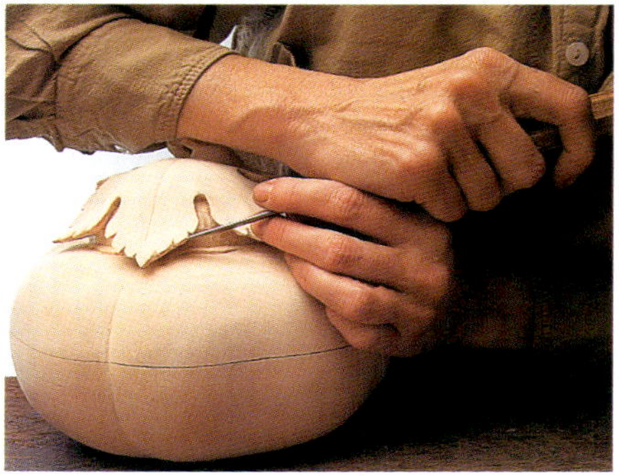

18 Unterschneiden Sie die Ränder des Blatts, um es gegen die Frucht darunter abzuheben. Die Tiefe der Unterschneidung und die runde Form des Kürbisses kann man sehr deutlich auf dem linken Foto sehen.

19 Die rauere Ausführung der Innenseiten bildet einen schönen Kontrast zur glatt geschliffenen Außenhaut. Die Gestalt der Kürbisdose gibt die natürlichen Formen leicht abstrahiert wieder.

20 Die geschnitzte Unterseite mit besonderer Betonung der Details unterstreicht die dreidimensionale Qualität der Dose.

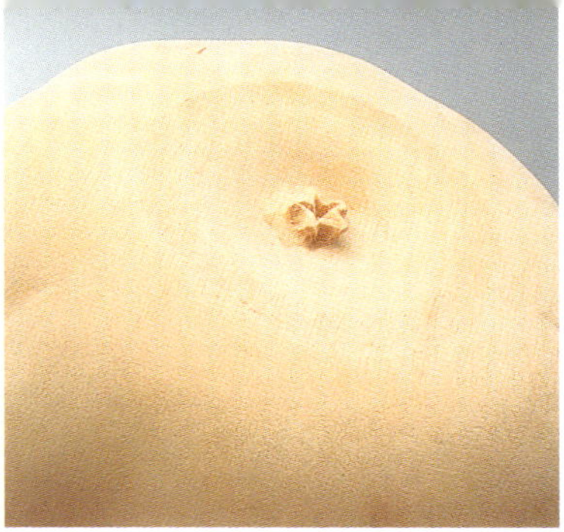

21 Schleifen Sie zunächst mit grobem, dann mit feinem Sandpapier. Damit werden alle Spuren entfernt, und das Modellieren ist abgeschlossen.

22 Die Kürbisdose wurde mit drei Schichten einer hellen Politur versiegelt. Abschließend wurde leicht gewachst.

Projekt 10

Grimmiger Fisch

Das wird gebraucht

Zum Schnitzen:
Kiefernholz,
560 x 230 x 75 mm
Balleisen und Hohleisen
Klüpfel
Bügelsäge oder Bandsäge
schmales tiefrundes
Hohleisen

Zur Oberflächenbehandlung:
dunkle Holzbeize
(Kiefer antik)

Verwendete Arbeitstechniken:
1, 2, 3, 4, 6, 7, 8, 20, 22

Das Schnitzen hoher Reliefformen soll einen dreidimensionalen Effekt vermitteln. Das Relief wird oft vor einem Hintergrund geschnitzt. Tiefes Unterschneiden kann dort notwendig sein, wo tiefes Grundausstechen nicht möglich ist. Sie können jede Holzart verwenden, wenn das Holz keine Aststellen aufweist.

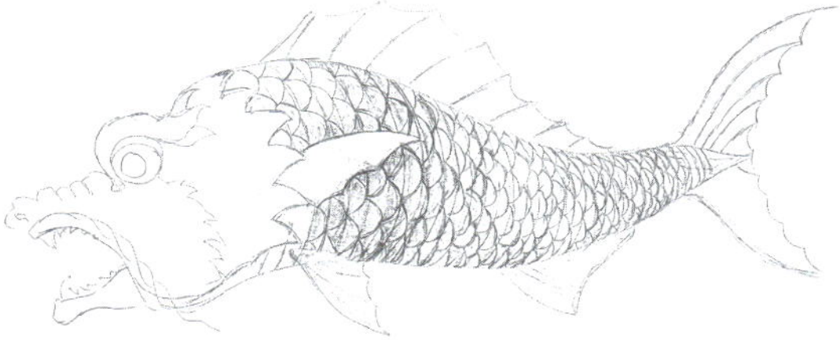

1 Wenn Sie Ihren Entwurf ausgearbeitet haben, fertigen Sie eine detaillierte Zeichnung in Originalgröße an (Technik 3). Ein Entwurfsmodell kann hilfreich sein.

2 Übertragen Sie die Zeichnung auf das Holz (Technik 4) und schneiden Sie mit einer Bügel- oder Bandsäge am Umriss entlang. Markieren Sie das Auge und die seitlichen Flossen. Sie werden die höchsten Punkte sein. Fangen Sie mit einem Hohleisen Nr. 9 oder 10 an, die Formen auszustechen (Technik 7).

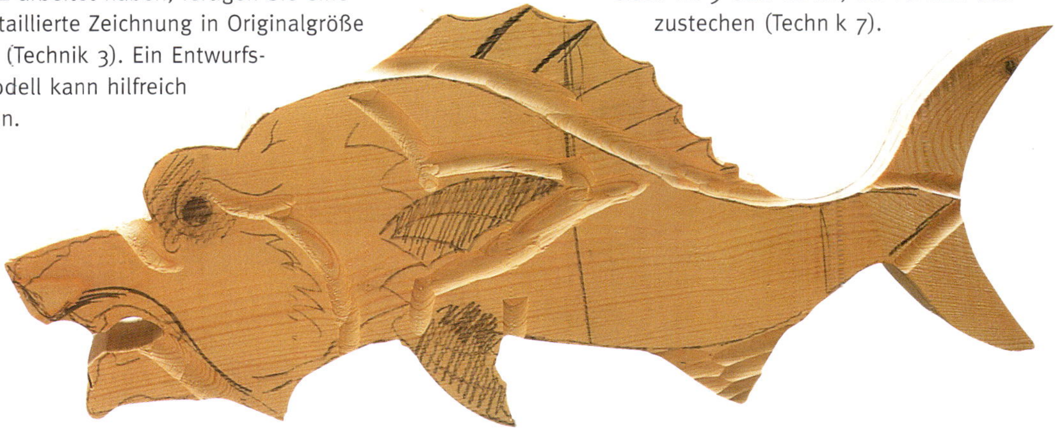

3 Bearbeiten Sie die Grundformen des Fisches (Technik 7). Wenn Sie Kiefernholz schneiden, müssen Ihre Werkzeuge besonders scharf sein. Nehmen Sie ein Hohleisen Nr. 8 oder 9, um die Form herauszuarbeiten. Stechen Sie die gebogenen Seiten der Flossen mit Hohleisen ab, die die passende Krümmung haben. Sie müssen nicht ganz genau zu Ihrer Zeichnung passen.

4 Gestalten Sie die Form und Struktur so zügig wie möglich. Wenn der Körper seine grobe Form hat, verwenden Sie flachere Hohleisen, um ihm eine glattere Oberfläche zu geben.

5 Wenn der Körper einigermaßen glatt ist, wird der Kopf und seine Umgebung überarbeitet. Modellieren Sie die Formen am Maul und bereiten Sie das spätere Hinzufügen des „Bartes" vor (siehe Foto 12).

6 Schnitzen Sie den halbkugelförmigen Augapfel in seiner Höhle. Die Linie, an der sich die beiden Oberflächen treffen, sollte so sauber wie möglich herausgearbeitet werden. Zeichnen Sie die Pupille auf und stechen Sie sie aus.

7 Obwohl die Form der Schuppen durch den Beitel bestimmt wird, den Sie verwenden, sollten Sie die Schuppen sorgfältig aufzeichnen, bevor Sie sie ausstechen und die Holzspäne entfernen.

8 Gestalten Sie die Rückenflosse, indem Sie Rillen mit einem schmalen tiefrunden Hohleisen von oben zum Körper schnitzen. Benutzen Sie einen sehr scharfen Beitel für die wellenförmigen Linien, die hinter dem Auge nach hinten fließen. Hier kann die Richtung der Maserung Probleme bereiten, so dass Sie vielleicht mehrmals die Richtung wechseln müssen.

9 Schnitzen Sie die Details am Maul wie die Lippen und die Zähne, dann den „Bart“, der vom Rachen nach hinten fließt. Weiter hinten werden die Hohlformen der Flossen geschnitzt.

10 Zeichnen Sie Hilfslinien und schnitzen Sie dann Rillen in die Schwanzflossen.

11 Beim Unterschneiden und Zurückschneiden müssen Sie mit großer Sorgfalt vorgehen. Fangen Sie mit den empfindlichen Stellen an und schneiden Sie jedes Mal nur so viel weg, wie erforderlich ist, um den Eindruck eines dreidimensionalen Objekts zu vermitteln.

12 Wenn Ihre Schnitzarbeit fast fertig ist, betrachten Sie sie mit einem kritischen Auge, um zu prüfen, ob die Unterschneidungen ausreichen und ob bestimmte Stellen nachgearbeitet werden müssen.

13 Wenn Sie die Zwischenräume zwischen den Zahnreihen der beiden Kiefer etwas aushöhlen, steigern Sie das realistische Aussehen des Fisches.

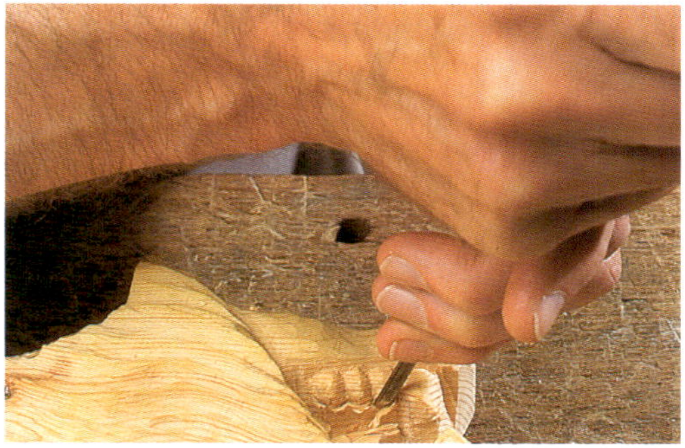

14 Der ganze Fisch wird mit dunkler Beize behandelt (Kiefer antik; Technik 22). Die wellenförmigen Linien am Auge und am Maul erwecken den Eindruck einer Bewegung durchs Wasser.

Projekt 11

Käsebrett

Das wird gebraucht

Zum Schnitzen:
festes, helles Holz mit gerader Maserung, zum Beispiel Kirschbaum, Ahorn oder Linde;
hier wurde Lindenholz gewählt:
330 x 190 x 25 mm
Balleisen und Hohleisen
Bügelsäge
Feinhobel
Zirkel
Bohrwinde mit 16-mm-Bohrer
Schleifklotz aus Kork
Glas-Schleifpapier (Korn 150 und 220)

Zur Oberflächenbehandlung:
Speiseöl

Verwendete Arbeitstechniken:
1, 2, 3, 4, 7, 13, 20, 21

Das Design auf der Rückseite dieses Bretts wurde durch traditionelle Schweizer Kerbschnitzmuster inspiriert, besonders durch ein Käsebrett aus dem Jahr 1743. Obwohl dafür normalerweise Schnitzmesser benutzt werden, bieten die Muster eine gute Gelegenheit, mit Balleisen und Hohleisen zu üben.

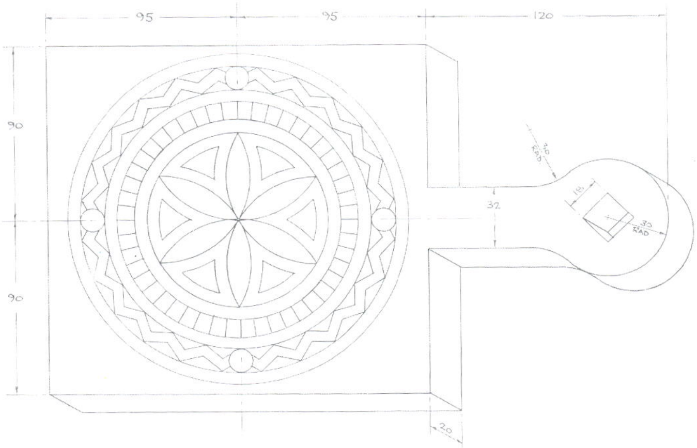

1 Arbeiten Sie Ihren Entwurf auf Papier aus (Technik 3). Die Geometrie dieser Muster ist einfach, auch wenn der Entwurf kompliziert erscheint.

2 Zeichnen Sie die Umrisse des Bretts mit einem Bleistift der Härte B auf. Markieren Sie die Mittellinien auf der Vorder- und der Rückseite wie folgt: 1. über die ganze Länge (Symmetrieachse); 2. senkrecht dazu im unteren Teil über die Breite des Bretts; 3. auf dem Griff im Abstand von 185 mm vom Mittelpunkt des Rechtecks.

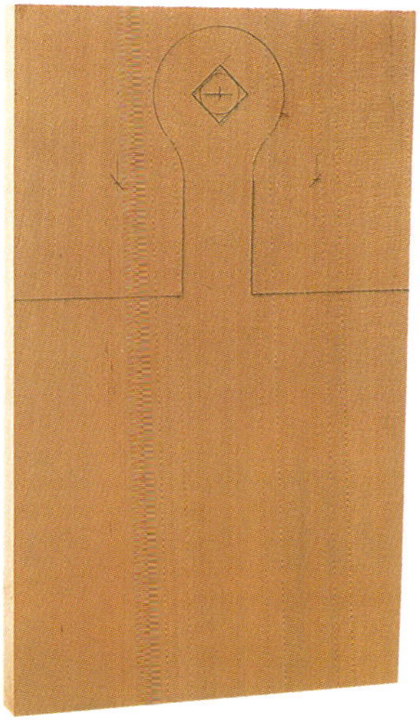

3 Als Nächstes zeichnen Sie die parallelen Seiten des Griffs im Abstand von 16 mm von der Mittellinie. Zeichnen Sie Kreise mit einem Radius von 30 mm und 9 mm um den Schnittpunkt der beiden Mittellinien auf dem Griff. Für die konkaven Übergänge zwischen dem geraden und dem runden Abschnitt des Griffs benötigen Sie eine Schablone (Technik 4). Aus dünnem Karton schneiden Sie mit einer Schere einen Halbkreis mit einem Radius von 30 mm aus. Legen Sie diesen so an, dass er die Gerade und den Kreis berührt, und zeichnen Sie entlang der Außenkante der Schablone den konkaven Übergang. Schraffieren Sie das Abfallholz auf beiden Seiten des Griffs.

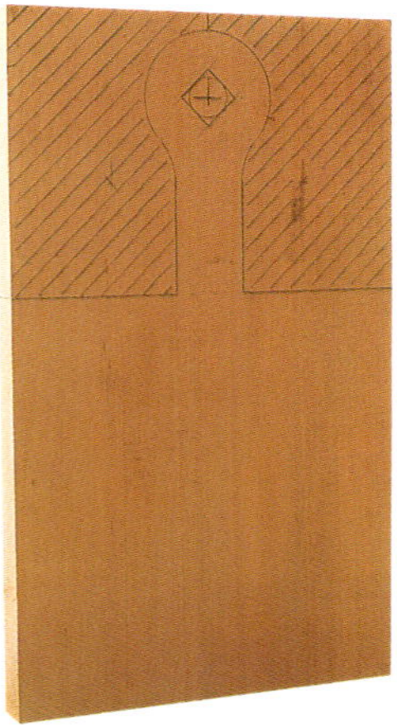

4 Konstruieren Sie auf der Vorder- und Rückseite ein Quadrat aus Tangenten um den inneren Kreis im Winkel von 45 Grad zu den Mittellinien. Die Seiten sollten etwa 20 mm lang sein. Mit Klüpfel und Balleisen stechen Sie alle vier Seiten des Quadrats ein. Mit einem 16-mm-Bohrer bohren Sie halb durch den kleinen Kreis. Drehen Sie das Brett um und bohren Sie von der anderen Seite. In der Mitte bleibt eine dünne Wand stehen, die Sie herausschlagen können.

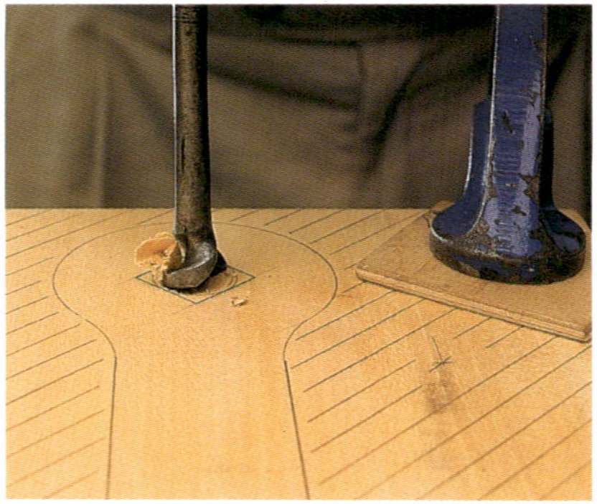

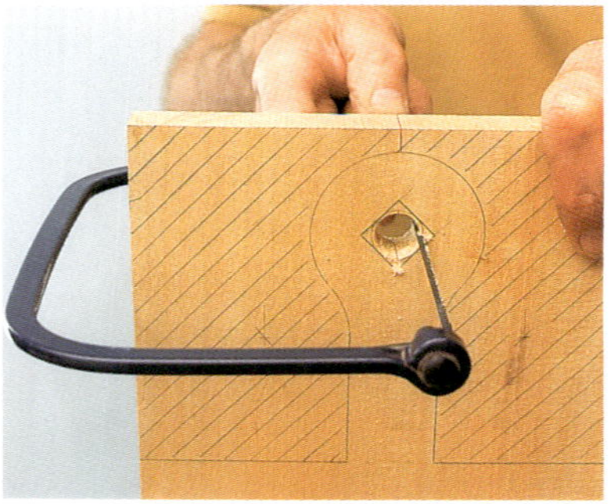

5 Sägen Sie mit einer Bügelsäge in jede der vier Ecken (Technik 20) als Vorbereitung für die weitere Arbeit mit einem Beitel.

6 Benutzen Sie ein Balleisen, um ein Quadrat aus dem Kreis zu schneiden. Arbeiten Sie von beiden Seiten, um das Absplittern von Holzfasern zu vermeiden. Sägen Sie die schraffierten Flächen mit einer Bügel-, Laub- oder Bandsäge ab.

7 Auf dem unbearbeiteten rohen Brett können Sie nun die Musterzeichnung auf der Rückseite konstruieren.

8 Vermeiden Sie es, ein Loch mit der Zirkelspitze zu stechen. Deshalb kleben Sie ein kleines Stück Furnier mit Klebeband in der Mitte des Bretts fest. Darauf wird die Mitte neu markiert. Zeichnen Sie acht konzentrische Kreise mit folgenden Radien: 40 mm, 46 mm, 52 mm, 61 mm, 67 mm, 73 mm, 79 mm, 85 mm.

9 Zeichnen Sie die sechs Blütenblätter, indem Sie den Zirkel auf den zweiten Kreis mit dem Radius von 46 mm setzen. Schlagen Sie einen Kreisbogen zuerst um den Schnittpunkt der Mittellinie mit dem zweiten Kreis. Die Schnittpunkte des Kreisbogens mit der Kreislinie sind die Mittelpunkte für die nächsten Kreisbogen und so fort. Auf diese Weise zeichnen Sie alle sechs Bogen.

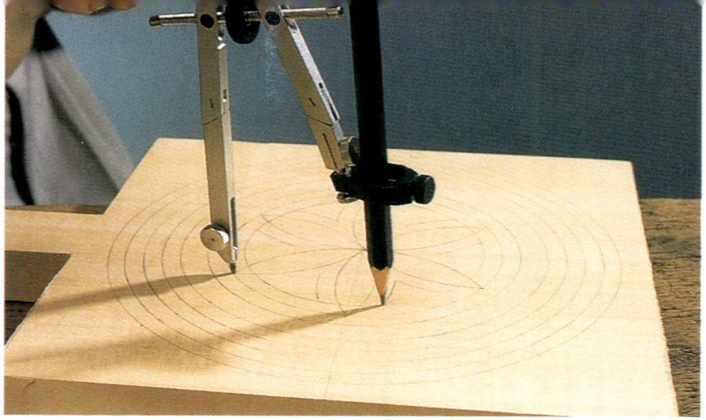

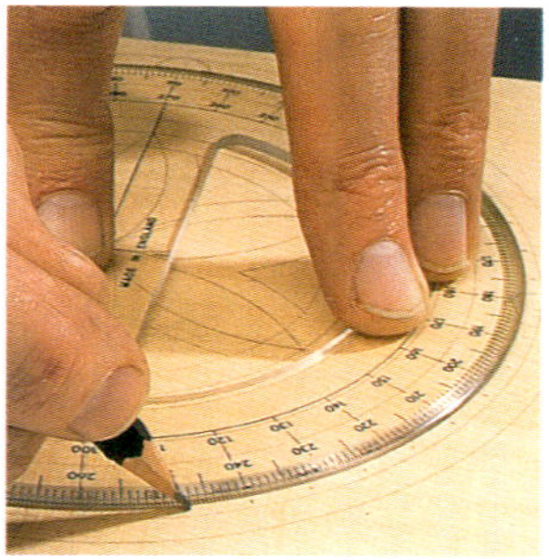

11 Die Mittelpunkte der vier kleinen Kreise am Rand des Musters sind die Punkte, an denen die Achsen den sechsten Kreis schneiden. Zeichnen Sie diese vier Kreise. Benutzen Sie dann einen Winkelmesser, um die beiden äußeren Ringe in 48 Abschnitte von 7,5 Grad einzuteilen. Mit einem Lineal werden dünne strahlenförmige Linien vom dritten bis zum siebten Kreis eingezeichnet. Zeichnen Sie die Linien etwas deutlicher auf dem inneren Ring zwischen dem dritten und vierten Kreis.

10 Die sechs Dreiecke zwischen den Blütenblättern werden auf ähnliche Weise konstruiert. Setzen Sie den Zirkel auf den dritten Kreis mit einem Radius von 52 mm. Benutzen Sie die Spitzen der Blütenblätter als Mittelpunkt und markieren Sie die sechs Dreiecke. Zeichnen Sie die Bogen zunächst leicht. Wenn die dreieckigen Formen herauskommen, werden sie kräftiger eingezeichnet.

12 Zeichnen Sie die Zickzacklinien auf beiden Seiten von Kreislinie sechs. Sie werden natürlich von den vier kleinen Kreisen unterbrochen. Geringe Diskrepanzen in der Zeichnung und der Schnitzarbeit sind kein Problem – Kerbschnitzereien sind selten geometrisch perfekt.

13 Die Konstruktion des Musters ist nun fertig. Nun können Sie mit dem Schnitzen beginnen. Machen Sie zuerst ein paar Versuche auf Abfallholz.

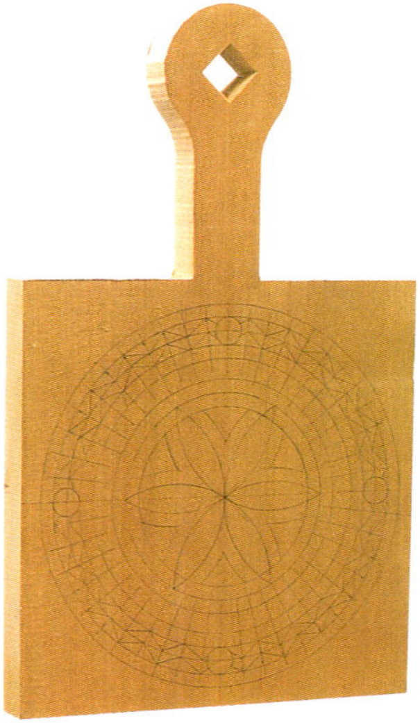

14 Schnitzen Sie von der Mitte nach außen. Die sechs Blütenblätter kommen deshalb zuerst dran. Fangen Sie knapp neben der Mitte an und stechen Sie mit Balleisen und Klüpfel auf den Mittellinien der Blätter ein. Halten Sie die Klinge des Beitels beim ersten und letzten Schlag geneigt. Diese Schläge sollten sehr sanft ausgeführt werden. Stellen Sie sich dabei den konkaven Verlauf vor, den die mittlere Tiefenlinie am Ende haben wird.

15 Schnitzen Sie jedes Blütenblatt in mehreren Stufen. Es wird schrittweise tiefer und weiter, dann wieder enger geschnitten. Entfernen Sie nicht zu viel Holz und achten Sie auf die Richtung der Maserung. Jedes Blatt muss auf andere Weise geschnitzt werden. Sie müssen damit rechnen, die Richtung zu ändern, wenn die Fasern gegenläufig sind. Drehen Sie das Brett, um die Schnitzrichtung zu verbessern.

16 Beenden Sie die Blütenblätter mit einem leicht gekrümmten Hohleisen. Arbeiten Sie von oben. Die Bogen sollen ohne Unterbrechung so gleichmäßig wie möglich geformt werden. Die Blütenblätter beginnen etwas neben dem Mittelpunkt und enden fast an der zweiten Kreislinie.

17 Zeichnen Sie gerade Linien von den Mittelpunkten der Dreiecke zu den Ecken. Stechen Sie jede Linie so mit geneigter Beitelschneide aus, dass die Mitte tiefer ist als die Ecke, die nur berührt wird.

18 Arbeiten Sie in kleinen Schritten und achten Sie auf die Faserrichtung. Schneiden Sie Holz zur Mitte hin tiefer aus. Benutzen Sie ein Balleisen oder ein leicht gekrümmtes Hohleisen für die konvexen Bogen.

19 Schnitzen Sie die konkaven Bogen mit einem leicht gekrümmten Hohleisen. Von nun an legen Sie ein Stück Karton über die schon fertiggestellten Teile des Musters, damit die bereits fertigen scharfen Grate und Kanten nicht beschädigt werden. Auf den Bildern ist dieser Karton nicht zu sehen, weil er das Muster verdecken würde.

20 Schnitzen Sie nun die drei Rinnen. Fangen Sie bei der innersten an, die durch den zweiten und dritten Kreis begrenzt wird. Für den ersten Schnitt verwenden Sie einen Geißfuß.

21 Benutzen Sie ein leicht gekrümmtes Hohleisen oder ein schräges Balleisen beim Erweitern der Rinne. Schnitzen Sie zuerst die Seite, die den Blütenblättern am nächsten ist, so dass Sie vom bestehenden Muster weg schneiden. Schnitzen Sie mit der Maserung oder quer zu ihr, aber nicht in sie hinein, dann wird die andere Seite geschnitzt.

22 Wiederholen Sie den Vorgang mit den anderen beiden Rinnen zwischen den Kreisen vier und fünf sowie den Kreisen sieben und acht. Das Brett ist nun fertig für die nächste Bearbeitungsstufe.

23 Nun wird der Zwischenraum zwischen dem dritten und vierten Kreis bearbeitet. Mit Beitel und Klüpfel stechen Sie die strahlenförmigen Linien des Zahnradmusters aus.

24 Arbeiten Sie in eine Richtung und machen Sie schräge Schnitte von der Mitte jedes Zahns zu den bereits ausgestochenen Linien. Machen Sie nur leichte Schläge mit dem Klüpfel oder benutzen Sie nur den Beitel.

25 Nach einer größeren Anzahl von schrägen Schnitten arbeiten Sie in die entgegengesetzte Richtung, um das Holz zu entfernen und eine saubere Rinne zwischen den Graten herzustellen.

26 Machen Sie jeweils sechs bis acht Schnitte in einem Arbeitsgang, bis alle 48 Rinnen sauber ausgeschnitten sind.

27 Abgesehen vom Zickzackmuster mit den eingefügten vier kleinen Kreisen ist das Schnitzwerk nun fertig.

28 Benutzen Sie ein 13 mm breites Hohleisen Nr. 8 oder 9, um die vier kleinen Kreise auszustechen (Technik 7). Sie liegen auf den Kanten der V-förmigen Rinnen, daher müssen Sie sehr vorsichtig zu Werke gehen.

29 Stellen Sie jeden Abschnitt des Zickzackmusters mit drei Schnitten her. Zuerst stechen Sie die beiden Seiten der Dreiecke mit schräger Beitelklinge so ab, dass die gewünschte Tiefe innen erreicht, die Oberfläche außen aber kaum markiert wird (Technik 1).

30 Entfernen Sie das Holz aus dem Dreieck mit dem Balleisen in einem flachen Winkel. Fangen Sie an einer der äußeren Ecken an und schieben Sie den Beitel gleichzeitig sanft nach unten zur tiefsten Ecke und hinüber zur nächsten Seite. Man kann dies in einem Schnitt ausführen oder zuerst einen kleinen Span abheben und einen zweiten Schnitt folgen lassen.

31 Wenn das Zickzackmuster abgeschlossen ist, gestalten Sie die kleinen Kreise, indem Sie den an den Kreis angrenzenden Abschnitt des Zickzackmusters zum Kreis hin leicht abschrägen.

32 Mit einem Balleisen fasen Sie alle Kanten am Brett und am Griff einschließlich des Lochs im Griff an, und zwar auf der Vorder- und auf der Rückseite. Legen Sie eine Decke unter das Muster, wenn es sich unten befindet, um Beschädigungen zu vermeiden.

33 Entfernen Sie vorsichtig die noch vorhandenen Bleistiftmarkierungen mit einem Radiergummi. Die Oberfläche wird leicht mit einem feinen Schleifpapier (Korn 220) geschliffen.

34 Entfernen Sie den Staub mit einem sauberen Pinsel oder einem Staubsauger. Dann wird das Brett noch einmal sorgfältig begutachtet.

35 Die Oberfläche dieses dekorativen Käsebretts kann mit einem beliebigen schnelltrocknenden, ungiftigen Öl behandelt werden. Sie können es aber auch unbehandelt lassen.

Projekt 12

Verzierter Spiegelrahmen

Das wird gebraucht

Zum Schnitzen:
beliebiges Weichholz, möglichst astfrei; Maße: siehe Schnittliste auf Seite 125
Nägel, Schrauben, Stifte, Holzleim
Säge, Bügelsäge, Bandsäge oder Laubsäge
Stemmeisen, Hobel, Hammer, Schraubenzieher
Bohrmaschine mit Bohrständer
Balleisen, Hohleisen, Geißfuß
Schleifpapier, Korn 220

Zur Oberflächenbehandlung:
Spiritusbeize: Kiefer oder dunkle Eiche
Lack im Farbton Kiefer

Verwendete Arbeitstechniken:
1, 2, 3, 4, 6, 7, 8, 9, 13, 15, 16, 20, 21

Bei diesem Rahmen wurden unterschiedlich gestaltete Zierelemente auf einen Unterbau geleimt. Das Schnitzwerk ist nicht entscheidend, schafft aber einen interessanten Effekt. Der Entwurf für diesen Rahmen wurde durch ein Haus in Südengland inspiriert, das im 18. Jahrhundert im Stil des Palladianismus gebaut wurde.

1 Entscheiden Sie sich für eine bestimmte Gestaltung und fertigen Sie erste Skizzen an, dann zeichnen Sie den Rahmen in tatsächlicher Größe oder maßstabsgerecht (Technik 3). Für die geschnitzten Elemente stellen Sie eine separate Zeichnung in Originalgröße her.

2 Erstellen Sie eine Schnittliste (siehe Seite 125), und schneiden Sie das Holz zu. Schneiden Sie die Falze für den Spiegel (Technik 15) und konstruieren Sie die Eckverbindungen als Überblattungen (Technik 16). Das obere und untere Deckbrett befindet sich auf der Vorderseite. Bauen Sie den rohen Rahmen zunächst probeweise trocken zusammen. Führen Sie letzte Korrekturen aus.

3 Sägen Sie die vier Halbkreise mit einem Radius von 38 mm am oberen Rand des Rahmens aus (Technik 7). Markieren Sie die Löcher, die an dieser Kante gebohrt werden müssen. Die Bohrmaschine wird im Bohrständer befestigt, das Holz wird fest eingespannt. Bohren Sie die drei mittleren Löcher mit 6,5 mm Durchmesser und 32 mm Tiefe. Die beiden Löcher an den Enden, die mit der Überblattung zusammentreffen, werden später gebohrt. Tragen Sie Leim auf die Kontaktflächen auf, bauen Sie den Rahmen zusammen und spannen Sie ihn auf einer absolut ebenen Unterlage fest. Um die Überblattung zu verstärken, werden jeweils drei Schrauben auf der Rückseite eingesetzt. Wenn der Leim ausgehärtet ist, bohren Sie die beiden Endlöcher oben in den Rahmen. Dabei wird eine Halterung am Rahmen festgeklemmt, um den Bohrer zu führen.

4 Das Muster unter dem Spiegel stellt das Mauerwerk eines Landhauses dar. Es gibt vier Lagen: die unterste ist glatt; die nächste besteht aus sechs jeweils 75 mm langen Steinen; die dritte Lage hat kurze, 38 mm lange Steine an jeder Seite und fünf lange, gleich große Steine in der Mitte; in der vierten Lage befinden sich zwei 75 mm lange Steine auf jeder Seite und eine 305 mm breite Fensterbank in der Mitte. Markieren Sie die Steine auf den Holzstreifen.

5 Sägen Sie die Holzstreifen an den Linien, an denen sich die Steine treffen, halb durch. Benutzen Sie einen Hobel, um die oberen und unteren Kanten der drei Streifen abzufasen. Schrägen Sie die Enden der Steine mit Balleisen und Klüpfel zu den Sägeschnitten hin ab.

6 Der Sockel, das Gesims und das Fries bestehen aus glatten Leisten, auf die Profilleisten geleimt werden. Das Bild zeigt, wie die Profile zusammengesetzt sind. Sie können auch eigene Formleisten mit einem Profilschaber herstellen (Technik 20).

7 Benutzen Sie die gleichen Profilleisten für den Sockel und das Fries. Beim Fries liegt der längere Schenkel horizontal, beim Sockel vertikal. Das Bild zeigt einen Querschnitt durch das Fries.

8 In jede der fünf Kugeln bohren Sie ein Loch mit 6,5 mm Durchmesser und 25 mm Tiefe. Beim Bohren befestigen Sie die Bohrmaschine im Bohrständer und legen jede Kugel auf eine Unterlage mit Loch. Schneiden Sie feine Längsrillen in die fünf Dübel, die Enden werden abgefast. Geben Sie etwas Leim in die Kugellöcher und stecken Sie die Dübel ganz hinein. Durch die Rillen kann überschüssiger Leim entweichen, so dass sich kein Gegendruck aufbauen kann, der den Dübel herausdrücken würde.

9 Beizen Sie den Rahmen, die Profilleisten und die Holzkugeln, bevor Sie diese mit dem Rahmen verleimen. Wenn die Teile zuerst verleimt würden, besteht die Gefahr, dass es Stellen gibt, an denen der Leim die Aufnahme der Beize verhindert.

10 Leimen Sie den Sockelstreifen auf den untersten Teil des Rahmens. Befestigen Sie ihn mit zwei Nägeln, die fast ganz eingeschlagen werden, in der richtigen Position, so dass sich die Vorderkante auf einer Linie mit der Front des Mauerwerks befindet. Dann bohren Sie zwei Löcher für Senkkopfschrauben. Nach dem Eindrehen der Schrauben können Sie die Nägel entweder herausziehen oder ganz einschlagen. Nun leimen Sie die Streifen des Mauerwerks auf. Beginnen Sie mit dem obersten Streifen und arbeiten Sie von oben nach unten. So können Ungenauigkeiten unten ausgeglichen werden. Hämmern Sie Stahlstifte in die Verbindungen, um die Streifen anzupressen. Dann werden die Profilleisten für den Sockel, das Gesims und das Fries festgeleimt und mit Stiften befestigt. Prüfen Sie, ob die Dübel die richtige Länge haben, bevor Sie die Holzkugeln aufstecken und verleimen. Leimen und schrauben Sie die Streifen an den Kanten auf der Rückseite fest. Wenn alle Bestandteile auf der Vorderseite befestigt sind, warten Sie, bis der Leim ausgehärtet ist. Dann werden die kurzen Seitenstücke des Mauersockels angebracht und ebenso die 35 mm langen Profilleistenstücke auf die Seiten geleimt und genagelt. Schließlich bringen Sie noch die Sockel für die beiden Säulen an.

11 Die nächste Aufgabe besteht darin, die Säulenfiguren (Karyatiden) zu schnitzen. Übertragen Sie die grobe Planzeichnung einer Figur auf ein Stück Papier. Sie wird ausgeschnitten und als Schablone benutzt. Zeichnen Sie die Mittellinie und andere Hilfslinien ein. Tragen Sie ein Gitternetz auf, wenn Sie damit arbeiten wollen.

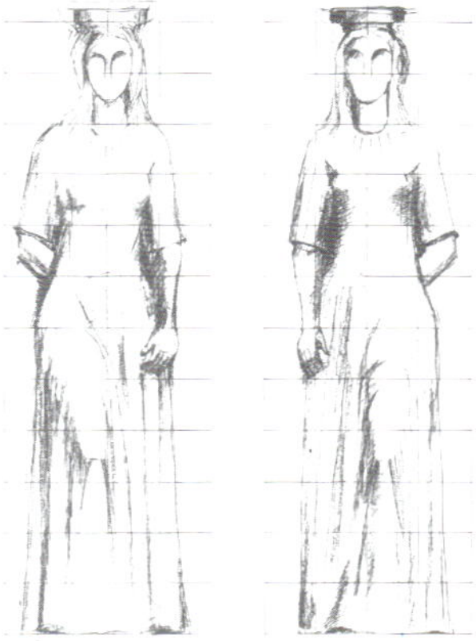

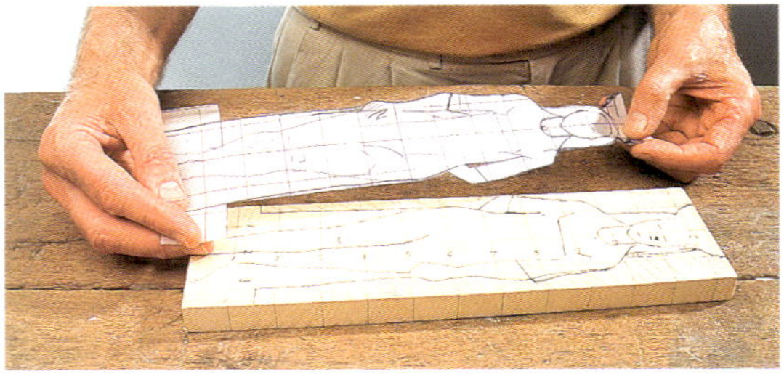

12 Ein Gitternetz ist nützlich, wenn man die Schablone auflegt und Teile nachzeichnet. Legen Sie die Schablone an der Oberkante eines Holzstücks an. Zeichnen Sie am Umriss entlang. Drehen Sie die Planzeichnung um, so dass sich die Linien auf der Unterseite befinden, und zeichnen Sie den Umriss auf das andere Stück Holz. Details werden übertragen, indem man Kohlepapier benutzt oder anhand der Quadrate des Gitternetzes kopiert (Technik 4). Schraffieren Sie das Abfallholz.

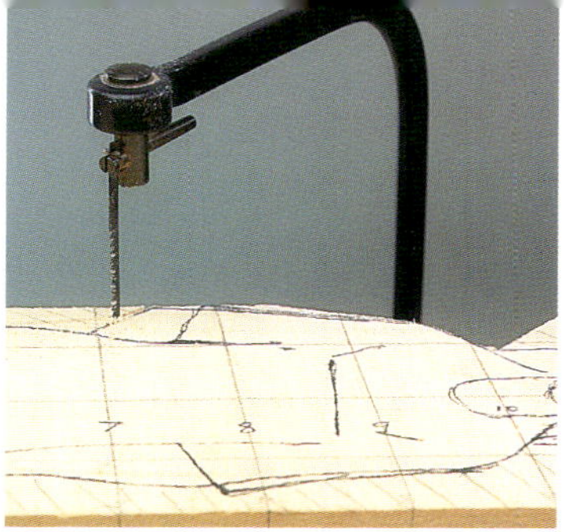

13 Sägen Sie mit einer Bügel-, Band- oder Laubsäge an den Umrissen der beiden Säulenfiguren entlang (Technik 20).

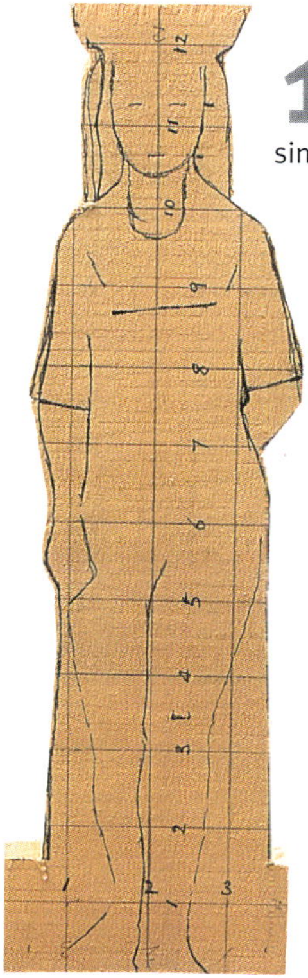

14 Die beiden ausgeschnittenen Figuren sind spiegelbildlich gestaltet.

15 Jede ausgeschnittene Figur wird auf ein Unterlagebrett geleimt, wobei Sie Zeitungspapier dazwischenleimen (Technik 2). Dabei wird das Gitter oder zumindest die Mittellinie ausgerichtet. Tragen Sie weitere hilfreiche Details ein, zum Beispiel den Faltenwurf.

16 Ein Entwurfsmodell ist wertvoll, wenn eine dreidimensionale Figur gestaltet werden soll (Technik 6). Um die richtigen Höhen des Modells abzumessen, wird ein Steg aus einem Streifen mit den Maßen 25 x 6 x 150 mm und mit Beinen aus Holzresten angefertigt. Auf dem Steg markierte Linien erleichtern es, Tiefenmaße auf das Schnitzwerk zu übertragen.

17 Legen Sie die höheren Teile des Schnitzwerks fest und bearbeiten Sie die Figuren grob. Übernehmen Sie die Tiefenmaße vom Modell und machen Sie entsprechende Bleistiftmarkierungen auf dem Holz, so dass Sie ein sicheres Gefühl beim Schnitzen haben.

18 Bearbeiten Sie die ganze Figur gleichmäßig und schrittweise. Alle Teile sollten sich beim Fortschreiten der Schnitzarbeit möglichst im gleichen Stadium befinden.

19 Einfache Formen sind oft am überzeugendsten. Deshalb sollte man die Grundformen zuerst schnitzen und Details dann bearbeiten, wenn es erforderlich ist.

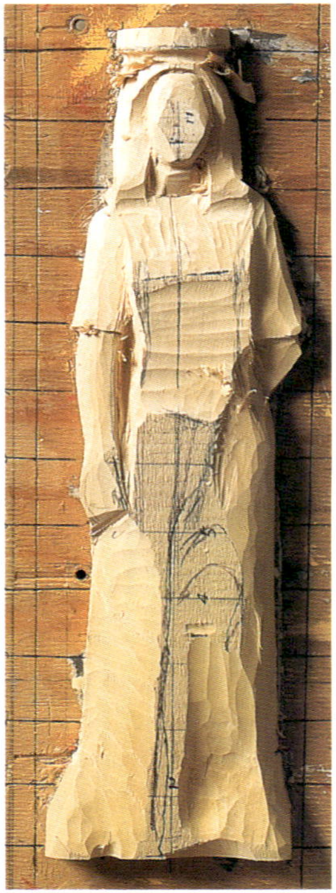

20 Prüfen Sie regelmäßig das Werkstück als Ganzes, damit sich die Form befriedigend entwickelt. Kontrollieren Sie auch die Seiten. Die Form ist zwar nicht tief, aber ihr Profil ist wichtig.

21 Die Figuren werden weiter modelliert. Details werden erst geschnitzt, wenn man mit den Grundformen zufrieden ist. Erneuern Sie die Zeichnung, wo dies erforderlich ist, und nehmen Sie Tiefenmaße vom Entwurfsmodell ab.

22 Verwenden Sie einen schmalen Geißfuß, um das Haar zu schnitzen.

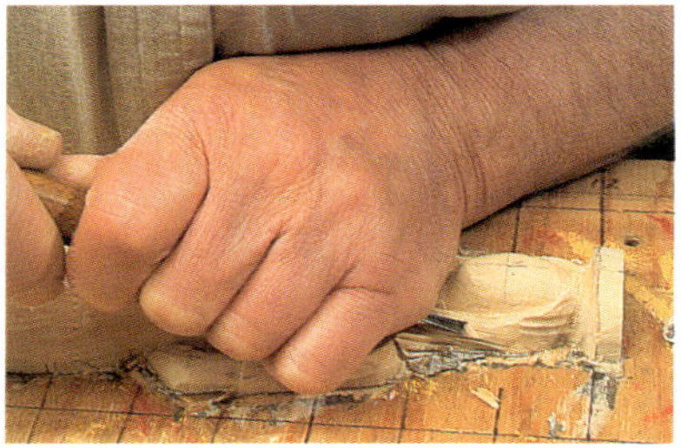

23 Stellen Sie die Figuren ruhig öfter auf, um die Entwicklung zu begutachten, denn man verliert leicht die Gesamtwirkung aus dem Blick, wenn man sich auf Einzelheiten konzentriert. Die Augen werden hauptsächlich durch die Schattenwirkung der Augenbrauen charakterisiert. Zeichnen Sie die Augenbrauen, die Nase und die Linie des Halsbündchens.

24 Stechen Sie mit einem Balleisen unter der Nasenspitze und auf beiden Seiten der Nase ein, für die Augenbrauen verwenden Sie ein passendes Hohleisen. Schälen Sie das Holz ab und stechen Sie die Linie des Halsbündchens ab. Mit einem schmalen Geißfuß werden die feinen Falten unterhalb des Halses geschnitzt.

25 Trennen Sie die Figuren vorsichtig von den Unterlagebrettern. Legen Sie sie mit der Vorderseite nach unten auf eine Decke und runden Sie die Kanten auf der Rückseite ab.

26 Arbeiten Sie das ganze Schnitzwerk sauber nach. Beizen Sie die fertigen Figuren. Wenn sie getrocknet sind, werden sie auf den Rahmen geleimt. Schwärzen Sie den Falz. Vor dem Einsetzen des Spiegels wird die Oberfläche lackiert.

27 Setzen Sie den Spiegel und die Rückwand ein und schlagen Sie ein paar Stahlstifte ein, damit sie nicht herausfallen können.

28 Auf den Rahmen wurden zwei Lackschichten im Farbton Kiefer aufgetragen, um der Farbe des gebeizten Holzes einen wärmeren Ton zu geben.

Projekt 13

Fruchtschale

Das wird gebraucht

Zum Schnitzen:
Apfelbaumholz oder ein anderes geeignetes Hartholz, etwa 610 x 430 x 130 mm
Balleisen und Hohleisen
Säge
Bohrmaschine
Kantenhobel
Ziehklinge
Schleifpapier
Siliziumkarbid-Papier

Zur Oberflächenbehandlung:
Mischung aus Polyurethan und weißem Spiritus; Wachs oder Öl

Verwendete Arbeitstechniken:
1, 2, 3, 4, 10, 13, 14, 20, 21

Diese große, flache Schale erfordert einige neue Techniken, die sich von denen unterscheiden, die für die erste Schale (Seite 48) eingesetzt wurden. Die Außenseite bleibt glatt und das Innere wird dekoriert mit strahlenförmigen Rillen. Die Griffe machen die Gesamtform interessanter und bieten eine nützliche Schnitzübung.

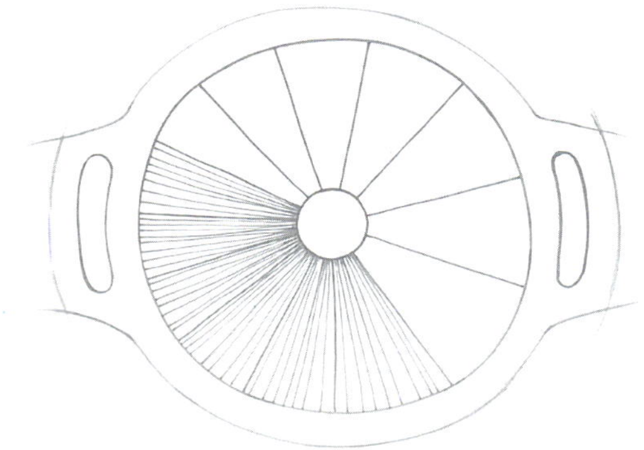

1 Zeichnen Sie die Draufsicht, Seitenansicht und die Querschnitte in tatsächlicher Größe auf Papier (Technik 3). Übertragen Sie die Zeichnungen auf ein Stück Holz, das den ungefähren Maßen entsprechend zugesägt wurde (Technik 4).

2 Größere Stücke Abfallholz, zum Beispiel an den Ecken und unter den Griffen, entfernen Sie mit einer Handsäge. Sie können auch mit einer Bandsäge um den Umriss herum schneiden. Mit großen Beiteln wird die äußere Form grob bearbeitet (Technik 10).

3 Wenn die Außenseite das Stadium der Feinbearbeitung erreicht hat, unterbrechen Sie diese Arbeit für eine Weile. Drehen Sie die Schale um und höhlen Sie das Innere aus.

4 Schließen Sie die grobe Bearbeitung der Hohlform ab. Stechen Sie dann den Teil des Rands neben den Griffen ab (Technik 7). Dabei wird ein Hohleisen Nr. 8, 9 oder 10 eingesetzt. Arbeiten Sie mit der Maserung von den Seiten zu den Mittellinien. Die Oberseiten der Griffe werden eben geschnitten. Zeichnen Sie auf jedem Griff den Umriss der Fläche, die durchbrochen werden soll. Bohren Sie eine Reihe von Löchern hindurch (Technik 8, 13 und 14).

5 Schnitzen Sie die Griffe sowohl von oben als auch von unten. Drehen Sie die Schale häufig um, um zu prüfen, ob die Fortsetzung der äußeren Form kontinuierlich durch die Öffnung läuft.

6 Gestalten Sie die Griffe so, dass ihre Form in die der Schale übergeht. Setzen Sie ziemlich kleine Hohleisen ein und folgen Sie dem Verlauf der Oberflächen. Beurteilen Sie kritisch die Formen, die dabei entstehen.

7 Vor dem Schnitzen wird das Muster der strahlenförmigen Linien in die Schale eingezeichnet. Markieren Sie das Zentrum des Schalenbodens. Dies ist der Punkt, an dem sich die beiden Mittellinien schneiden. Zeichnen Sie einen kleinen Kreis um diesen Punkt. Markieren Sie Hilfslinien, die vom Rand zum Zentrum laufen, mit regelmäßigen Zwischenräumen auf der gesamten Innenfläche der Schale. Arbeiten Sie mit einem gebogenen Hohleisen Nr. 19 oder 20, um die Rinne auf der Kreislinie zu schnitzen. Dann werden die Kerben geschnitten, die vom Rand zum Zentrum laufen. Sie enden an der Kreislinie.

8 Nun kommen weitere Rinnen in die Segmente. Die Rinnen werden am Anfang tiefer geschnitten und werden dann flacher, so dass sie keilförmig auslaufen. Dies macht sorgfältiges, kontrolliertes Arbeiten erforderlich. Das Werkzeug wird mit leichten Schlägen des Klüpfels vom Anfang bis zum Ende jeder Rinne vorwärts bewegt.

9 Wenn das Muster fertig ist, wird die Schale umgedreht, um die Außenseite zu glätten. Benutzen Sie zuerst einen Kantenhobel, der eine feinere Oberfläche als eine normale Feile hinterlässt. Danach verwenden Sie eine Ziehklinge oder ein Stück Glas (Technik 20).

10 Schleifen Sie die Oberfläche von Hand oder benutzen Sie ein Elektrogerät, zum Beispiel einen solchen Zylinderschleifer.

11 Beenden Sie die Formung der Griffe mit einer runden Holzraspel. Wenn Sie eine Raspel ohne Griff benutzen, können Sie etwas Klebeband um die Enden des Raspelkörpers wickeln, damit die Handhabung angenehmer ist.

12 Nehmen Sie einen Streifen Schleifpapier oder Schleifgewebe, um die Teile des Griffs zu glätten, die schlecht zu erreichen sind.

13 Reiben Sie mit feinem Sandpapier über die Rinnen, besonders am Rand. Ein großer Teil der Attraktivität von Gegenständen aus Holz beruht darauf, dass sie sich gut anfühlen.

14 Tragen Sie eine Mischung aus 95 % Polyurethan und 5 % weißem Spiritus auf. Entfernen Sie diese sofort mit einem Papiertuch. Lassen Sie die Schale trocknen und wachsen oder ölen Sie sie, je nach Bedarf.

Projekt 14

Durchbrochenes Relief

Dieses Sechseck, in dem sich ein sechszackiger Stern befindet, ist ein einfacher, aber wirkungsvoller Entwurf. Es muss sorgfältig geschnitzt werden. Lindenholz ist ideal für Ihr erstes durchbrochenes Schnitzwerk; danach können Sie experimentieren.

Das wird gebraucht

Zum Schnitzen:
Lindenholz oder ähnliches Holz mit dichter Maserung und gleichmäßiger Textur, 180 x 180 x 20 mm
Säge
Bügelsäge oder Laubsäge
Bohrmaschine mit einem 6,5-mm-Bohrer
gerade und schräge Balleisen
scharfes Schnitzmesser
feine Feilen
Siliziumkarbid-Schleifpapier

Zur Oberflächenbehandlung:
Mischung aus Polyurethan und weißem Spiritus,
Wachs

Verwendete Arbeitstechniken:
1, 2, 3, 4, 7, 8, 13, 14, 20, 21

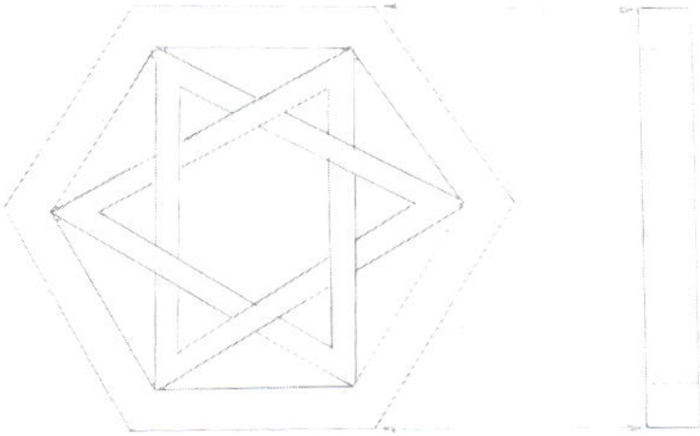

1 Zeichnen Sie den Entwurf in Originalgröße auf Papier (Technik 3). Übertragen Sie den Entwurf auf beiden Seiten der Holzplatte (Technik 4). Dann sägen Sie die Ecken ab, um ein Sechseck herzustellen.

2 Bohren Sie durch alle Teile, die entfernt werden (Technik 8). Jeweils ein Loch mit einem Durchmesser von 6,5 mm durch das mittlere Sechseck und durch die Dreiecke ist ausreichend. Ein komplizierteres Muster könnte zusätzliche Löcher erforderlich machen.

3 Schneiden Sie die Formen mit einer Bügel- oder Laubsäge aus (Technik 20). Wenn Sie mit diesen Sägen nicht vertraut sind, können Sie an den Linien im Abfallbereich einen Rand von 3 mm stehen lassen, weil das Sägen gerader Linien Übung erfordert.

4 Der Stern kann nun geschnitzt werden. Die Linien, die zeigen, wie die beiden Dreiecke des Sterns miteinander verflochten sind, müssen sehr deutlich gezeichnet werden. Dadurch wird vermieden, dass man die falschen Linien anreißt.

5 Nehmen Sie ein Balleisen oder ein scharfes Messer, um die Kanten abzusetzen (Technik 7), an denen sich die Dreiecke kreuzen. Wenn Sie zu diesen Linien hin schnitzen, wird das Holz sauber herausgeholt.

6 Schnitzen Sie eine leicht geschwungene Schräge, indem Sie dünne Späne mit dem Beitel abheben. Die Maserung läuft bei jeder Seite der Dreiecke in eine andere Richtung. Stellen Sie sich deshalb darauf ein, dass Sie aus verschiedenen Winkeln arbeiten müssen.

7 Glätten Sie die Oberfläche mit einem Balleisen. Prüfen Sie mit einer Schiebelehre, ob alle Unterschneidungen die gleiche Tiefe haben. Alle Schrägen sollten eine ähnliche Länge haben.

8 Säubern Sie die Seiten der Dreiecke. Benutzen Sie ein schräges Balleisen, um in die Ecken zu gelangen. Die Richtung der Maserung wird wieder auf jeder Seite variieren. Achten Sie deshalb darauf, dass Sie in die günstigste Richtung arbeiten.

9 Arbeiten Sie weiter mit dem Beitel an den Seiten entlang in die Ecken. An bestimmten Stellen müssen Sie quer zur Maserung hinunter schneiden, um nicht in das Hirnholz zu schnitzen. Verwenden müssen Sie eine Bildhauerfeile (Technik 20).

10 An den Stellen, an denen es zu eng ist für einen Beitel, können Sie eine Feile oder ein scharfes Messer einsetzen. Häufiges Abziehen des Werkzeugs (Technik 1) gewährleistet die scharfe Schneide, die für diese Aufgabe benötigt wird.

11 Halten Sie das Schnitzwerk so in der Hand, dass Sie es auf der Vorder- oder Rückseite bearbeiten können. Verändern Sie den Ansatzwinkel bei der Nachbearbeitung mit einem Messer oder einer Feile.

12 Wenn Sie raue Stellen vermeiden wollen, glätten Sie die inneren Kanten, indem Sie sie mit einem Streifen Siliziumkarbid-Schleifpapier schmirgeln.

13 Reiben Sie die äußeren Oberflächen mit dem gleichen Schleifpapier ab, um das ganze Stück vor der Oberflächenbehandlung gleichmäßig zu gestalten.

14 Der fertige Stern wird mit einer Mischung aus Polyurethan und weißem Spiritus versiegelt und mit Wachs poliert. Die verwendeten Arbeitstechniken lassen sich leicht auf komplexere Entwürfe übertragen.

Projekt 15

Tierkreiszeichen

Das wird gebraucht

Zum Schnitzen:
Lindenholz,
200 x 200 x 25 mm
Bohrmaschine
Bügel-, Laub- oder
Bandsäge
Klüpfel
Balleisen und Hohleisen
Schraubzwinge

Zur Oberflächenbehandlung:
Kiefernbeize, dunkle
Eichenbeize, farbloser
Schellack, gefärbtes
Wachs

Verwendete Arbeitstechniken:
1, 2, 3, 4, 6, 7, 8, 13, 20, 21, 22

Tierkreiszeichen sind sehr alt. Eines der frühesten Schnitzwerke, das einen Skorpion darstellt, ist ein babylonischer Grenzstein aus dem 10. Jahrhundert v. Chr. Diese stilisierte Schnitzerei eines Skorpions wurde so gestaltet, dass sie in einen Kreis passt. Sie hat ein hohes Relief, so dass der Skorpion fast dreidimensional ist. Man kann beliebiges Holz mit dichter Maserung verwenden.

1 Zeichnen Sie ein Gitter, dessen Linien 25 mm Abstand haben, auf Papier (Technik 4). Nehmen Sie den Schnittpunkt der Mittellinien als Mittelpunkt und schlagen Sie einen Kreis mit einem Radius von 100 mm darum. Den Skorpion zeichnen Sie in diesen Kreis (Technik 3). Übertragen Sie das Gitter und den Skorpion und fertigen Sie eine Schablone an, auf der Sie die Linien von links nach rechts und von unten nach oben nummerieren. Für den Hintergrund stellen Sie eine gesonderte Schablone her.

2 Übertragen Sie Gitter und Kreis auf das Holz, dann die Umrisse des Skorpions und der Hintergrundform (Technik 4). Schraffieren Sie die Bereiche des Abfallholzes. Nummerieren Sie die Linien so, dass die Zahlen auf dem Skorpion erscheinen.

3 Bohren Sie ein oder zwei Löcher (Technik 8), damit das Sägeblatt der Bügelsäge eingeführt werden kann (Technik 20). Sägen Sie an der Linie entlang, um das nicht benötigte Holz zu entfernen. Dann wird die äußere Form mit einer Bügel-, Band- oder Laubsäge ausgeschnitten. Lassen Sie zumindest einen Zapfen zum Einspannen stehen.

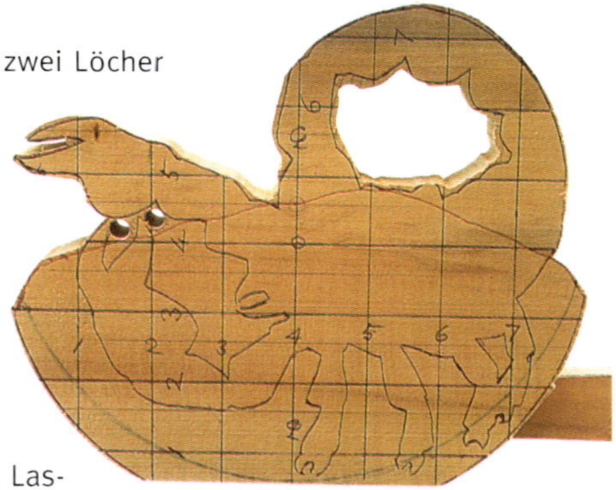

4 Zeichnen Sie notwendige Details. Die einfachste Methode ist es, Quadrat für Quadrat von der Schablone auf das Holz zu kopieren (Technik 4). Ein Entwurfsmodell (Technik 6) ist hilfreich, weil es veranschaulicht, wie die Zeichnung als Relief umgesetzt wird.

5 Zeichnen Sie das Gitter und den Kreis auf ein Brett und umfahren Sie die Schablone mit einem Bleistift. Innerhalb dieser Umrisslinien bauen Sie Ihr Modell bis zur maximalen Dicke auf. Mit einem Steg mit Beinen aus Abfallholz messen und übertragen Sie die Dicke. Elemente, die in der Zeichnung gut aussehen, müssen im Relief oft modifiziert werden. In diesem Fall wurden die Beine verändert.

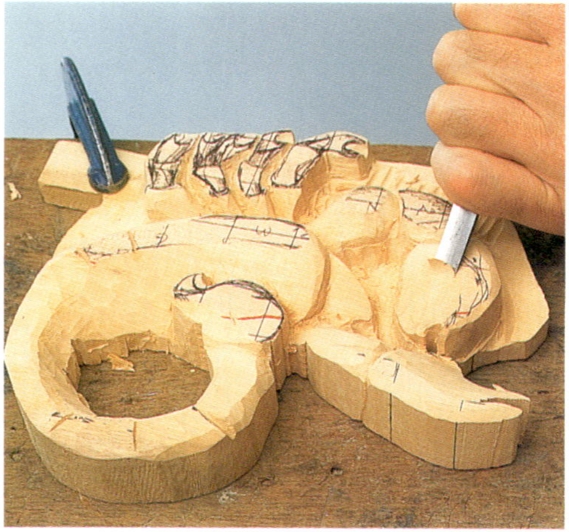

6 Stechen Sie die Formen aus und schneiden Sie flach über die wichtigsten Ebenen (Technik 7). Die Linien, die durch das Schnitzen verschwunden sind, werden nachgezeichnet.

7 Vergleichen Sie Ihre Arbeit mit Ihrem Entwurfsmodell, um zu sehen, welche Stellen abgetragen werden müssen. Der Skorpion besteht aus einer Reihe von komplexen Formen. Stellen Sie das Schnitzwerk deshalb häufig hin, um die Entwicklung zu begutachten. Bearbeiten Sie das ganze Stück gleichmäßig und modellieren, prüfen und verfeinern Sie dabei kontinuierlich.

8 Wenn die Schraubzwinge im Weg ist, sägen Sie den Zapfen ab und befestigen Sie den Skorpion auf einem Brett (Technik 2). Mit einem Hohleisen Nr. 10 oder 11 werden die Rillen zwischen den Segmenten und die Linie auf dem Rücken des Skorpions ausgestochen. Beginnen Sie mit dem Unterschneiden (Technik 7), um die Formen zu verdünnen und herauszuarbeiten.

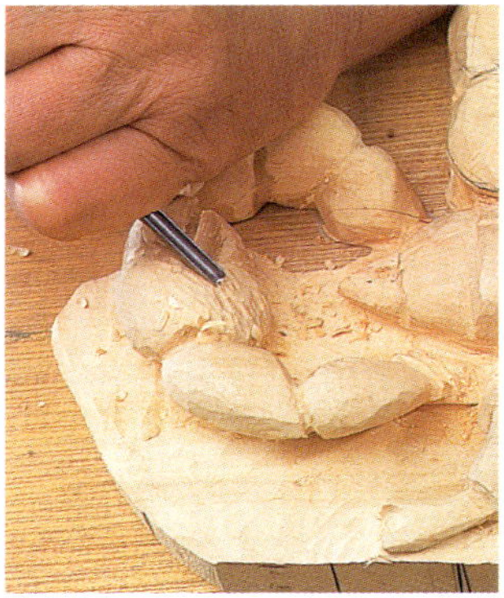

9 Die Scheren und der Stachel haben eine texturierte Oberfläche. Diese wird erzielt durch kurze Schnitte mit einem schmalen Hohleisen.

10 Schnitzen Sie die Beine und höhlen Sie den Tunnel darunter aus. Arbeiten Sie dabei nicht zu schnell, tragen Sie immer nur kleine Späne ab.

11 Stechen Sie den Haken des Stachels mit einem kleinen Hohleisen aus. Dann werden dünne Späne vom Rücken zum Stachel hin abgetragen. Dabei müssen Sie ausreichend unterschneiden, um Schwanz und Stachel visuell vom Körper abzuheben.

12 Sägen Sie einen Keil aus der Rückseite des Schwanzes heraus. Beginnen Sie dann damit, die Unterteilungen zwischen den Schwanzsegmenten zu schnitzen. Stützen Sie den unterschnittenen Schwanz beim Schnitzen mit einem keilförmigen Holzstück ab.

13 Die Form des Skorpions ist fertig. Nun werden die letzten Details bearbeitet. Schließen Sie das Unterschneiden und Zurückschneiden (Technik 7 und 8) ab, bevor der Skorpion auf dem Untergrund befestigt und seine Oberfläche behandelt wird (Technik 22).

14 Der fertige Skorpion wurde gebeizt, versiegelt und gewachst, dann auf einer polierten Holztafel befestigt.

Projekt 16

Sitzender Löwe

Das wird gebraucht

Zum Schnitzen:
Eichenholz,
140 x 115 x 305 mm
Hand- oder Bandsäge
Balleisen und Hohleisen
Klüpfel

Zur Oberflächenbehandlung:
Leinöl oder Politur

Verwendete Arbeitstechniken:
1, 2, 3, 4, 5, 6, 7, 20

Ein Schnitzwerk mit plastischer Form hat vielleicht eine wichtigste Seite, aber es muss so gestaltet sein, dass man es aus jedem Blickwinkel betrachten kann. Hier wurde Eichenholz verwendet, aber Sie können auch jedes andere verfügbare Hartholz nehmen.

1 Fertigen Sie Zeichnungen (Technik 3 und 5) und ein Entwurfsmodell in Originalgröße an (Technik 6), es sei denn, Sie haben schon viel Erfahrung. Das Modell kann skizzenhaft bleiben, aber es wird Ihnen helfen, sich über die wesentlichen Formen klar zu werden und zu erkennen, wie sie aus verschiedenen Blickwinkeln aussehen.

2 Übertragen Sie die Zeichnung auf das Holz (Technik 4). Mit einer Band- oder Handsäge und Balleisen wird möglichst viel Abfallholz weggeschnitten. Beim Schnitzen müssen die Linien ständig neu gezeichnet werden. Die Mittellinie ist wichtig, um sicherzustellen, dass der Löwe symmetrisch wird.

4 Arbeiten Sie vorsichtiger, wenn Sie den Körper abrunden.

3 Schneiden Sie das Holz an den Seiten flach ab (Technik 7), um das Profil der Vorderseite zu gestalten.

5 Prüfen Sie Ihre Arbeit ständig, denn das Werkstück muss aus allen Blickwinkeln richtig aussehen und symmetrisch sein, wenn man es von vorne und von hinten betrachtet (Technik 5).

6 Bearbeiten Sie den ganzen Löwen gleichmäßig und modellieren Sie ihn mit flachen Schnitten. Bei jedem Durchgang wird weniger weggenommen, je näher man der endgültigen Form kommt.

7 Begutachten Sie Ihr Werk kritisch von allen Seiten, um dann die Feinarbeit fortzusetzen.

8 Betrachten Sie Details wie das Gesicht und die Tatzen auf Fotos, bevor Sie diese schnitzen. Wenn Sie quer zum Hirnholz schneiden, sollten Sie nur dünne Späne abheben. Beim Versuch, zu viel Holz wegzuschneiden, könnten Stücke absplittern.

9 Betrachten Sie das Schlussfoto, besonders die Mähne, die wie eine Halskrause aussieht. So haben Sie eine klare Vorstellung, wenn Sie die Formen einzeichnen, die im nächsten Schritt geschnitzt werden müssen.

10 Es ist besonders wichtig, dass die beiden Gesichtshälften gleich gestaltet werden und in allen Details übereinstimmen.

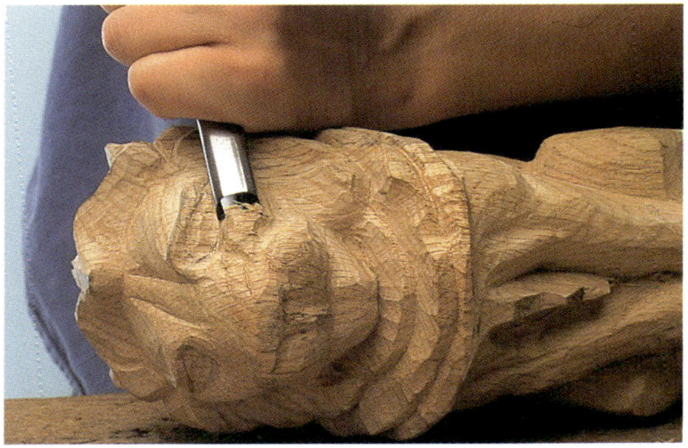

11 Die eingezogenen Krallen brauchen nur angedeutet zu werden. Ihr Aussehen wird durch die Wirkung von Licht und Schatten unterstrichen.

12 Das Haar der Mähne auf und hinter dem Kopf ist schwierig zu gestalten, weil Sie quer zum Hirnholz schnitzen müssen. Deshalb sollten Sie jeweils nur wenig wegschneiden und den Schnittwinkel variieren, um den günstigsten herauszufinden.

13 Der Löwe ist praktisch fertig. Inspizieren Sie ihn sorgfältig, um zu sehen, ob Sie mit allen Details zufrieden sind. Dann wird der Sockel zu Ende geschnitzt. Die Figur wird nicht geschliffen, weil die Werkzeugspuren auf der Oberfläche des Löwen sichtbar bleiben sollen.

14 Der Löwe wurde mit Öl behandelt. Dieses schöne, kompakte Tier könnte den Pfosten am Ende einer großen Treppe schmücken.

Projekt 17

Venusfigur

Das wird gebraucht

Zum Schnitzen:
Lindenholz,
102 x 76 x 330 mm
Hand-, Bügel- oder Bandsäge
Balleisen und Hohleisen
Klüpfel

Zur Oberflächenbehandlung:
Lack, Bienenwachs (mit Pigment)

Dieses Projekt zeigt eine gelungene Übertragung der Geburt der Venus von Sandro Botticelli (1447-1510) von der zweidimensionalen zur dreidimensionalen Darstellung. Falls Sie an Aktzeichenkursen teilnehmen können, wird es Ihnen leichter fallen, menschliche Körper erfolgreich zu schnitzen. Sie können eine beliebige Holzart verwenden.

1 Zeichnen Sie eine Kopie der Venus, die in einer Muschelschale steht, nach einer Reproduktion des Gemäldes (Technik 3) in tatsächlicher Größe. Es ist nicht einfach, das zweidimensionale Bild in ein dreidimensionales Schnitzwerk zu übersetzen. Deshalb sollten Sie ein Entwurfsmodell herstellen (Technik 6). Dann können Sie Probleme lösen und Modifikationen vornehmen.

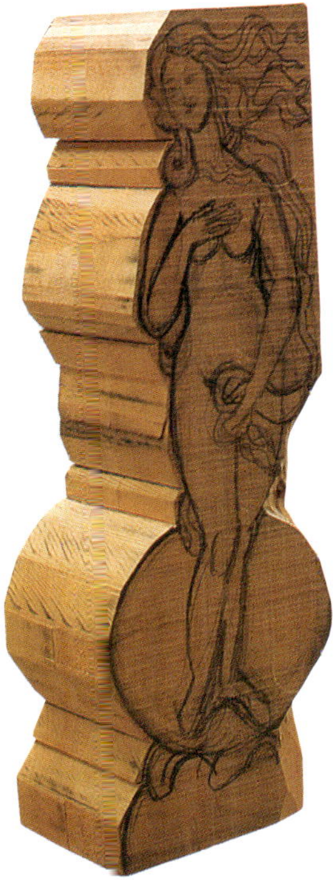

2 Übertragen Sie die Zeichnung auf das Holz (Technik 4). Mit einer Bügel- oder Bandsäge wird das Abfallholz neben dem Profil auf der Vorderseite entfernt.

Verwendete Arbeitstechniken:
1, 2, 3, 4, 5, 6, 7, 20

3 Entfernen Sie das Abfallholz zügig mit Balleisen und Hohleisen.

4 Zeichnen Sie die Seitenansichten und entfernen Sie das Abfallholz auf der Vorder- und Rückseite. Die Linien müssen Sie immer wieder erneuern, da Sie Teile der Zeichnung wegschneiden.

5 Wenn die Figur grob zugerichtet ist, können Sie zum Schnitzen der Details übergehen.

6 Bearbeiten Sie die ganze Figur abwechselnd vorne, hinten und an den Seiten. Alle Teile müssen sich im gleichen Tempo weiterentwicklen.

7 Stellen Sie die Figur von Zeit zu Zeit auf und betrachten Sie sie kritisch aus jeder Richtung. Dadurch erkennen Sie Stellen, die mehr Beachtung erfordern. Zeichnen Sie alle benötigten Bleistiftlinien nach.

8 Es kann leicht passieren, dass man bei der Schnitzarbeit und beim Erneuern der Linien von den richtigen Maßen abweicht. Deshalb sollten Sie Ihre Schnitzerei häufig anhand der Zeichnung und des Entwurfsmodells überprüfen.

9 Überarbeiten Sie das ganze Schnitzwerk stufenweise, verfeinern Sie dabei die Formen und arbeiten Sie Details heraus.

10 Dieses Foto zeigt die Rückseite des Werks in der Entwicklung. Achten Sie auf die Bearbeitung der Haare, die große Fülle, die über den Rücken nach unten fließt, und die Haare, die zur Seite geweht werden. Es gibt keine feinen Haarsträhnen.

11 Vergleichen Sie das geschnitzte Haar mit dem Haar in dem Gemälde, um den fließenden Ausdruck zu erfassen, aber ohne die dünnen, gemalten Strähnen zu kopieren. Arbeiten Sie mit großer Sorgfalt, wenn Sie die feinen Details schnitzen.

12 Damit ein Schnitzwerk dieser Art gelingt, muss man jedes Detail genauestens beachten.

13 Zu den letzten Einzelheiten, die geschnitzt werden müssen, gehören die stilisierten Wellen des Sockels.

14 Die Oberfläche der fertigen Figur wird nur mit Balleisen und Hohleisen bearbeitet. Sie wird versiegelt und zweimal mit Bienenwachs beschichtet, dann mit einer harten Bürste abgerieben und mit einem Tuch poliert.

Projekt 18

Ziermaske

Das wird gebraucht

Zum Schnitzen:
Kiefernholz oder anderes Holz ohne Maserung, zum Beispiel Linde oder Zeder, 230 x 140 x 100 mm
Bügelsäge oder Bandsäge
Balleisen und Hohleisen
Klüpfel
Ziehklinge oder Glasscherbe
Schleifpapier verschiedener Körnung (Glas- und Granatpapier)

Zur Oberflächenbehandlung:
Schleiflack,
0000-Stahlwolle
und Wachspolitur

Verwendete Arbeitstechniken:
1, 2, 3, 4, 6, 7, 8, 10, 13, 14, 20, 21

Masken wurden zu allen Zeiten überall auf der Welt benutzt, entweder bei Zaubereien, Ritualen, in Dramen, bei Vergnügungen oder als Zierde. Sie können in beliebiger Größe geschnitzt werden, hohl oder massiv sein. Es gibt eine große Vielfalt an Formen. Gönnen Sie sich das Vergnügen und stellen Sie Nachforschungen über die verschiedenen Maskentypen an, um Ideen für den eigenen Entwurf zu sammeln.

1 Zeichnen Sie einen Entwurf in Originalgröße (Technik 3). Dieser wurde von einer japanischen Maske beeinflusst.

2 Übertragen Sie die Zeichnung auf das Holz (Technik 4) und sägen Sie mit einer Bügel- oder Bandsäge am Umriss entlang.

3 Stechen Sie die Gesichtszüge mit einem Hohleisen Nr. 9 oder 10 aus (Technik 7).

4 Zusätzlich zur wichtigen Mittellinie zeichnen Sie Hilfslinien quer über die Maske und an den Seiten. Zeichnen Sie die Profile auf jede Seite. Schnitzen Sie das Holz über das Gesicht hinweg bis zu den Seitenprofilen, so dass die Vorder- und Seitenansicht entsteht.

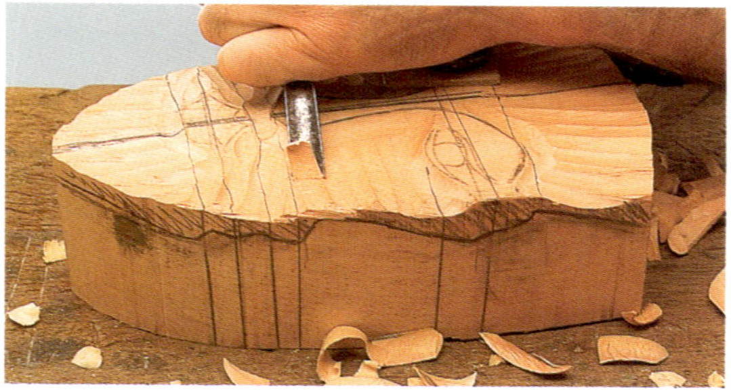

5 Es erleichtert das grobe Bearbeiten der gekrümmten Oberflächen, wenn man auf der Vorderseite die richtigen Tiefen herausschnitzt und dabei eine Fläche stehenlässt. Die Hilfslinien müssen erneuert werden, besonders die Mittellinie, wenn sie beim Schnitzen verschwinden.

6 Wenn die Tiefen annäherungsweise erreicht wurden, fangen Sie damit an, die Maske abzurunden. Bearbeiten Sie alle Bereiche gleichmäßig.

7 Es ist wichtig, von Zeit zu Zeit kritisch zu prüfen, was man gerade tut. Obwohl sie erst grob bearbeitet wurde, ist die abgerundete Form der Maske klar erkennbar.

8 Schrittweise gehen Sie jetzt an die Feinarbeit. Benutzen Sie flache Hohleisen auf den größeren Rundformen. Häufig wird der Fehler gemacht, Gesichter zu flach zu gestalten. Dieses Foto zeigt den Querschnitt, den Sie erreichen sollten.

9 Die Mittellinie ist besonders wichtig für das Erreichen der Symmetrie. Deshalb sollte sie immer wieder erneuert werden. Vergleichen Sie die Abmessungen mit denen der Zeichnung. Nun ist die Maske weit genug entwickelt, um mit den feineren und heikleren Modellierarbeiten zu beginnen, besonders an Augen, Mund und Nase.

10 Das Oberteil der Maske ist eigentlich eine Wölbung. Schnitzen Sie diese vor dem Herausarbeiten der Augen.

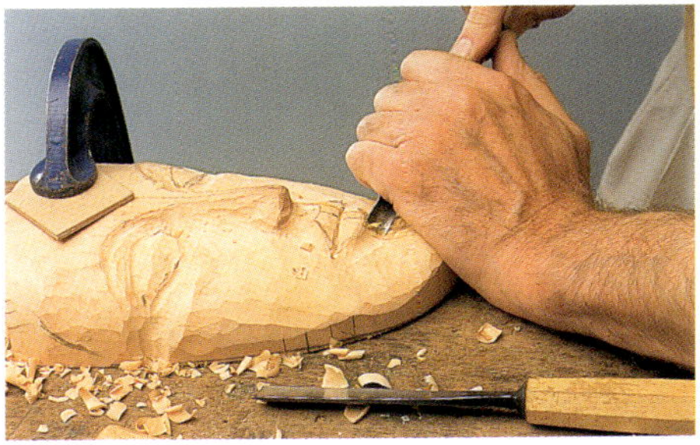

11 Bearbeiten Sie nacheinander alle Stellen des Gesichts und vervollständigen Sie die Formen.

12 Nun können Sie die Oberfläche mit einer Ziehklinge (Technik 20) oder Schleifpapier (Technik 21) glätten. Danach höhlen Sie die Rückseite aus und stechen die Augen durch.

13 Höhlen Sie die Rückseite so aus, als ob Sie eine Schale schnitzen würden (Technik 10). Sichern Sie die Maske bei dieser Arbeit in einem nicht zu engen Kasten, der mit weichem Material, zum Beispiel Teppichresten, ausgelegt wurde. Das Material soll die Maske beim Bearbeiten einklemmen und schützen. Gegen Ende der Schnitzarbeiten beim Zurückschneiden im Bereich der Augen (Technik 8) können Sie die Maske festhalten, indem Sie sie mit einer Hand auf eine Unterlage drücken.

14 Die fertige Maske wird geschliffen, versiegelt und gewachst. Sie können ihr auch einen Farbanstrich geben und Details mit Akrylfarben ergänzen.

Projekt 19

Steckenpferd

Das wird gebraucht

Zum Schnitzen:
Nussbaumholz (dunkles amerikanisches Nussbaumholz),
760 x 240 x 75 mm
Bügel- oder Bandsäge
Balleisen und Hohleisen
Klüpfel

Zur Oberflächenbehandlung:
Leinöl, dunkle Politur,
Bienenwachs

Verwendete Arbeitstechniken:
1, 2, 3, 4, 5, 6, 7, 13, 19, 20, 21

Die Idee für dieses Projekt entstand durch ein Foto von Jane Brown, das ein dekorativ geschnitztes Karussellpferd zeigt. In bester Schnitzertradition führte die ursprüngliche Anregung jedoch zu einem eigenständigen Entwurf. Hier wurde Nussbaumholz gewählt, aber Sie können ein beliebiges Holz nehmen, das sich gut schnitzen lässt.

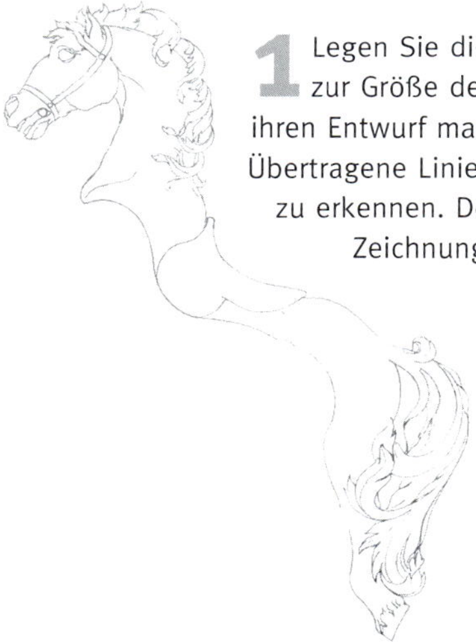

1 Legen Sie die Maße fest, so dass das Holz zur Größe des Kindes paßt. Zeichnen Sie ihren Entwurf maßstabsgerecht (Technik 3). Übertragene Linien sind auf dunklem Holz schwer zu erkennen. Deshalb wurden Fotokopien der Zeichnung auf das Holz geklebt.

2 Sägen Sie mit einer Bogen- oder Bandsäge an der Umrisslinie entlang (Technik 20). Bohren Sie mit einer Bohrwinde ein Loch durch das Maul.

3 Die Mittellinie ist wichtig, damit Sie auf jeder Seite gleich viel Holz wegschnitzen. Zeichnen Sie diese Linie um das ganze Pferd herum. Verwenden Sie dazu einen weichen Bleistift, damit die Markierung dunkel genug ist. Erneuern Sie die Linie jedes Mal, wenn sie durch das Schnitzen entfernt wurde.

4 Benutzen Sie ein Hohleisen Nr. 8 oder 9, um die runden Grundformen grob herauszuarbeiten (Technik 7). Das Holz muss immer sicher gehalten werden. Wahrscheinlich benötigen Sie in einigen Arbeitsstadien einen Schraubstock oder eine Schraubzwinge. Wenn die flache Oberfläche des Holzes weggeschnitzt wurde, sind Keile und Polsterungen wichtig, um die Schnitzarbeit zu schützen.

5 Mit einer Bohrwinde kann Abfallholz im Zwischenraum zwischen Schwanz und Hinterhänden entfernt werden. Dann werden die Öffnungen mit einem Hohleisen ausgestochen.

6 Arbeiten Sie die Formen des Schwanzes grob heraus. Zeichnen Sie die Mittellinie und andere Hilfslinien neu. Prüfen Sie, ob die Figur auf beiden Seiten der Mittellinie symmetrisch gestaltet ist.

7 Das Holz an Kopf und Mähne wird flach abgetragen (Technik 7). Stechen Sie die Lederriemen des Zaumzeugs aus. Bringen Sie alle Teile Ihres Pferdes auf den gleichen Bearbeitungsstand.

8 Ob Sie das Pferd stark oder weniger stark stilisieren, es wird auf jeden Fall überzeugender wirken, wenn Sie sich vorher mit seinen Proportionen vertraut gemacht haben. Schlagen Sie in Büchern und Zeitschriften nach und beobachten Sie Pferde, z. B. auf der Weide – auch wenn sie Ihnen wahrscheinlich nicht den Gefallen tun, den Kopf stillzuhalten.

9 Wenn Sie die Formen gestaltet haben, bearbeiten Sie das ganze Tier mit flacheren Hohleisen, um die Oberfläche zu glätten, und mit anderen Beiteln, um die Details zu modellieren.

10 Dieses Foto illustriert, wie eine Schraubzwinge benutzt wird, um den Kopf festzuklemmen. Keile und Polsterung sollen vermeiden, dass geschnitzte Teile beschädigt werden. Diese Position gibt Ihnen auch die Möglichkeit, einige der geschnitzten Details näher zu betrachten, besonders die Augen und die Nüstern.

11 Wenn man wie in diesem Fall an einem doppelseitigen Schnitzwerk arbeitet, kann es hilfreich sein, regelmäßige Kontrollen mit einem Spiegel durchzuführen, um zu sehen, wie ähnlich sich die Seiten sind.

12 Es ist wichtig, gelegentlich das Schnitzwerk als Ganzes zu begutachten. Betrachten Sie es aus allen Winkeln. Das unfertige Aussehen der Teile, die noch mit Papier bedeckt sind, wird Sie wahrscheinlich anspornen. Mit einem Sägeschnitt trennen Sie die Zähne von Ober- und Unterkiefer voneinander. Dann bohren Sie ein Loch für die Radachse durch die Hufe.

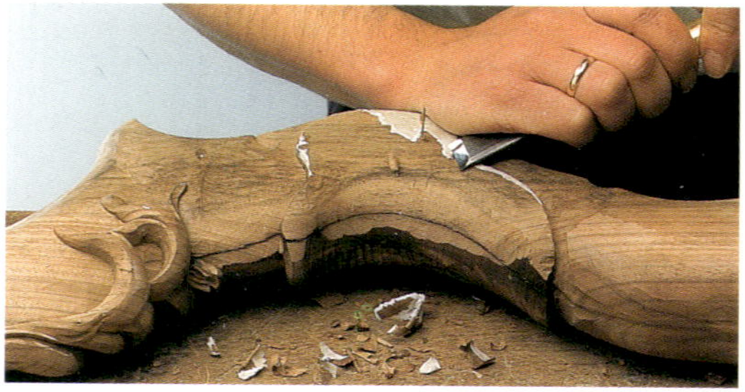

13 Das Pferd wird nun schrittweise überarbeitet. Die Modellierungen werden verfeinert, die Oberfläche wird geglättet, wo es erforderlich ist, und Texturen werden geschnitzt. Dieses Holzstück weist Risse auf – nicht ungewöhnlich für Nussbaumholz. Sie mussten mit Leim ausgefüllt und herausgeschnitzt werden (Technik 19).

14 Hier können Sie deutlich die geschnitzten Details von Mähne, Ohren, Augen und Zaumzeug erkennen. Vielleicht erkennen Sie manches besser, wenn Sie das Bild auf den Kopf stellen, so dass Sie es in einem anderen Licht sehen.

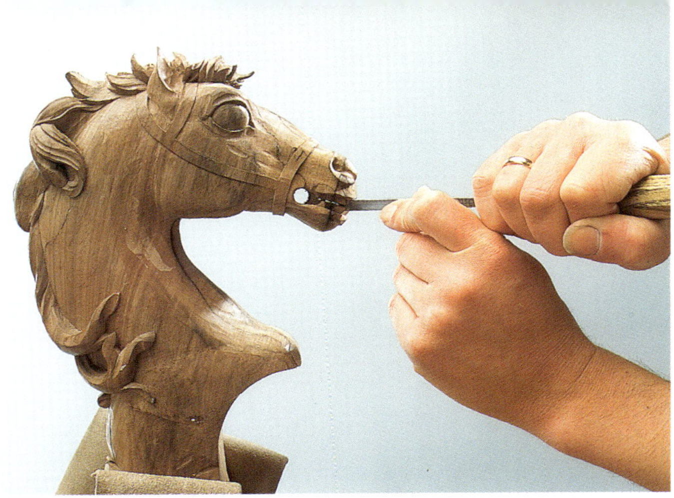

15 Die Zähne werden nur leicht überarbeitet, wo sie sich treffen, so dass der Sägeschnitt eine weniger deutliche Linie ist. Dieses Foto zeigt die Details des Kopfs, der Mähne und des Zaumzeugs im Profil.

16 Das hochstehende Haar auf der Stirn vermittelt eine lebendige Wirkung, aber Hirnholz ist sehr schwer zu schnitzen. Sie können dieses Problem umgehen, indem Sie Ihren Entwurf verändern – das Haar könnte zum Beispiel in die Stirn fallen.

17 Die geschwungenen Linien des Schwanzes geben einen guten Eindruck von einer schnellen Bewegung.

18 Inspizieren Sie die fast fertige Stute von allen Seiten, um Stellen zu entdecken, die noch beachtet werden müssen. Die Unterseite wird ausgehöhlt, damit das Spielzeug leichter wird und um die Bewegung des Springens anzudeuten.

19 Legen Sie letzte Hand an, um die notwendigen Feinheiten anzubringen.

20 Machen Sie zwei parallele Sägeschnitte in die Hufe, und schneiden Sie die Ausklinkung aus, die das Rad aufnimmt. Drechseln Sie das Rad und den Griff selbst oder formen Sie den Griff und kaufen Sie ein fertiges Rad.

21 Dieses herrliche Steckenpferd wurde leicht geschliffen, geölt, poliert und gewachst.

Projekt 20

Schwimmender Lockvogel

Das wird gebraucht

Zum Schnitzen:
Jelutongholz;
für den Körper:
610 x 230 x 100 mm
für den Kopf:
150 x 130 x 50 mm
für das Ruder:
150 x 40 x 50 mm
Glasaugen mit 10 mm Durchmesser, hellrot
fünf Holzschrauben aus Messing, 50 mm
Gewichte, 250 g
Band- oder Bügelsäge
Raspeln, Feilen und Schleifpapier

Zur Oberflächenbehandlung:
Öl oder Akrylfarben

Verwendete Arbeitstechniken:
1, 2, 3, 4, 5, 6, 23

Lockvögel oder Köder sind uralte Hilfsmittel – die Archäologie weist nach, dass die Ureinwohner Amerikas sie schon vor 1000 Jahren benutzten. Dieser Lockvogel ist ein modern gestalteter Köder. Er stellt eine nordamerikanische Tauchente dar.

1 Der Lockvogel wurde so entworfen, dass er die Form eines lebendigen Vogels in einer wachsamen Haltung mit erhobenem, leicht gedrehtem Kopf hat. Um die Menge des Abfallholzes zu verringern, wird er aus drei Teilen zusammengebaut: dem Kopf und zwei Teilen für den Körper. Ein viertes Teil ergibt das Ruder.

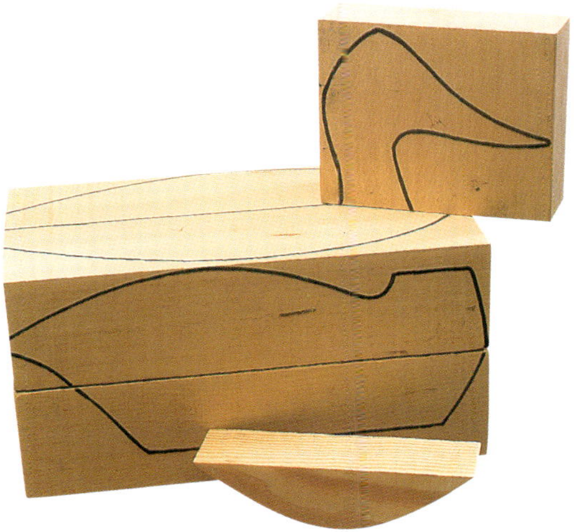

2 Zeichnen Sie die Umrisse im Seitenprofil und in der Draufsicht auf das Holz (Technik 4). Mit der Bandsäge sägen Sie den ebenen Boden des Lockvogels. Schrauben Sie den Körper von unten auf der Mittellinie zusammen. Setzen Sie zwei Schrauben in einem Abstand von 100 mm.

3 Sägen Sie entlang der seitlichen Profillinie des Körpers. Setzen Sie das oben abgeschnittene Teil wieder auf den Block. Dann sägen Sie entlang der oberen Profillinie. Beim Zuschneiden des Kopfes gehen Sie ähnlich vor – diesmal nehmen Sie das Abfallstück unterhalb des Schnabels, um das Werkstück zu stützen, während Sie entlang der oberen Profillinie sägen.

4 Markieren Sie die Rinne der Augen, die vom oberen Ende des Schnabels quer über den Kopf läuft, und die Verjüngung des Halses an der Unterkante des Schnabels. Die höchste Stelle der Wange kennzeichnen Sie mit einem Kreuz. Formen Sie diese Bereiche mit einer runden, groben Raspel.

5 Feilen Sie die vordere Kante der Augenrinne zum Oberteil des Schnabels herunter und runden Sie die Stelle ab. Runden Sie den hinteren Teil der Augenrinne zum Kreuz nach unten ab, so dass die obere Wange geformt wird. Verringern Sie die Breite des Scheitels und runden Sie ihn nach oben von der Augenrinne aus ab.

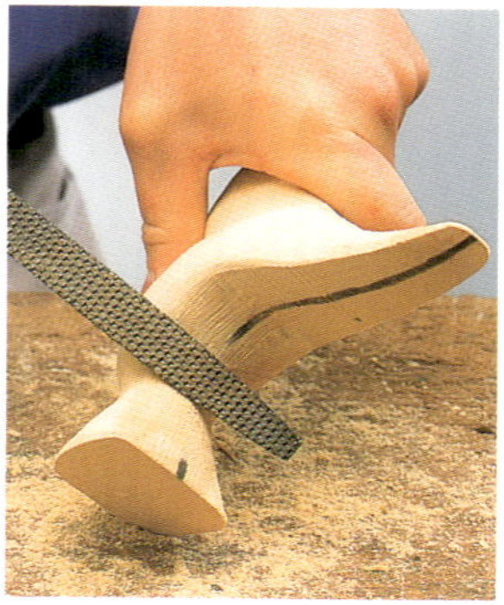

6 Schließen Sie den Halsbereich ab, indem Sie den Übergang zur Unterseite des Schnabels, der flach bleibt, formen. Die unteren Wangen werden zum Hals hin abgerundet. Der untere Teil des Halses bleibt vorläufig unbearbeitet.

7 Benutzen Sie Schleifpapier mit 80er Körnung als eine flexible Feile. Bearbeiten Sie alle diese Linien und Formen so, dass sie fließend ineinander übergehen.

8 Bei der Formgebung des Vogels ist es wichtig, von der oberen Mittellinie her rund um den Körper herum zu arbeiten. Mit einer groben Feile stellen Sie die Form schnell her. Feilen Sie weiter an den Seiten des Unterkörpers. Obwohl der Boden flach ist, muss der Körper an dieser Stelle abgerundet werden.

9 Runden Sie auch das Hinterteil von der Mittellinie her ab. Schaffen Sie einen gleichmäßigen Übergang zu den Seiten und nach oben unter den Schwanz. Die Kante des Schwanzes bleibt rechtwinklig und gerade.

10 Gestalten Sie den Brustbereich bis hinauf zum Halsansatz. Schaffen Sie gleichmäßige Übergänge zu den Seiten und zum oberen Teil des Körpers. Achten Sie darauf, dass die Brust nicht flach aussieht. Sie sollte aus jedem Blickwinkel schön rund sein.

11 Wenn die Oberseite des Körpers abgerundet ist, markieren Sie die primären und sekundären Flugfedern (Technik 23). Mit einer scharfkantigen Feile schaffen Sie eine Abstufung zum Körper.

1 Schärfen der Balleisen Beidseitig geschärfte Balleisen haben Fasen auf der Ober- und der Unterseite der Schneide. Die größere Fase, die sich auf der Unterseite befindet, wird hier geschärft. Bewegen Sie den Beitel hin und her und halten Sie den Winkel dabei konstant. Der Stein wird, je nach Typ, mit Wasser oder Öl gleitfähig gemacht.

2 Die obere Fase ist viel kürzer, aber die Prozedur bleibt gleich. Der Schleifwinkel variiert. Für Weichhölzer sollte er spitzer sein. Die Seiten des Balleisens in der Nähe der Kante wurden zu einer Messerschneide geschliffen. Dies machen nicht alle Schnitzer – einige schleifen nur eine Seite. So haben Sie aber die Möglichkeit, in sehr spitze Ecken zu schnitzen.

3 Honen Sie den Beitel auf genau die gleiche Weise mit einem Öl- oder Wasserstein und dem entsprechenden Gleitmittel. Ein Arkansas-Ölstein, der hier gezeigt wird, ist teuer, hält aber ein Leben lang. Die dunklen Steine sind härter und langsamer, die hellen weicher und schneller. Beide werden mit Paraffin geschmiert.

4 Beim Abziehen wird das Werkzeug zum Körper gezogen. Wenn Sie schieben, schneiden Sie in das Leder. Halten Sie das Werkzeug in einem gleich bleibenden Winkel und entfernen Sie den feinen Abrieb.

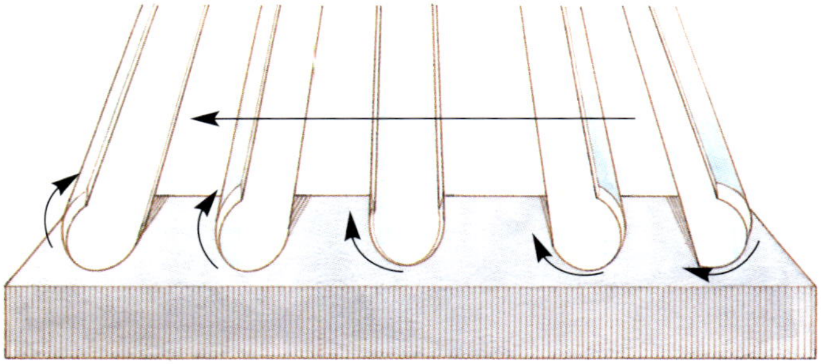

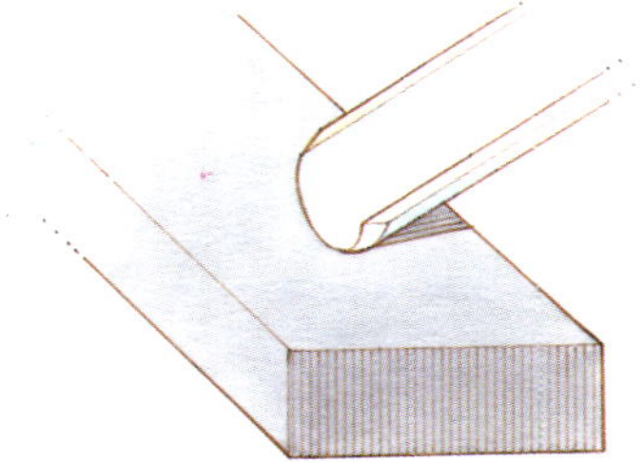

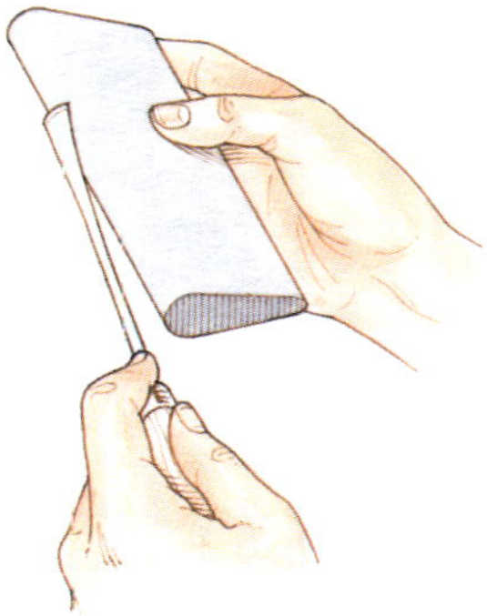

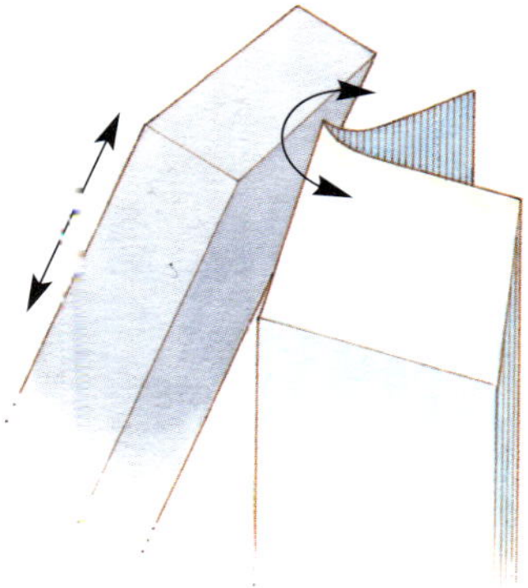

1 Schärfen der Hohleisen Hohleisen werden mit einer seitlich drehenden Bewegung geschärft.

2 Wenn möglich benutzen Sie einen runden Schleifstein für die innere Fase.

1 Schärfen des Geißfußes Geißfüße bereiten beim Schleifen die größten Probleme. Behandeln Sie sie wie zwei einzelne Balleisen. Die hakenförmig geschliffene Stelle in der Mitte wird durch drehende Bewegungen entfernt, so als wäre das V ein kleines Hohleisen.

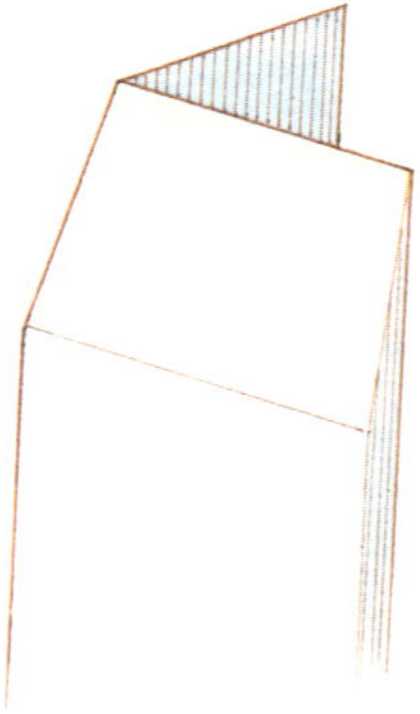

2 Geißfüße haben keine Fase auf der Innenseite. Deshalb wird der Schleifstein innen flach gehalten.

1 Verwendung von Siliziumkarbid-Schleifpapier

Zur Not können Sie ein Hohleisen auf sehr feinem Siliziumkarbid-Schleifpapier schärfen. Heften Sie ein Blatt Schleifpapier auf ein flaches Brett. Schleifen Sie das Hohleisen mit drehenden Bewegungen.

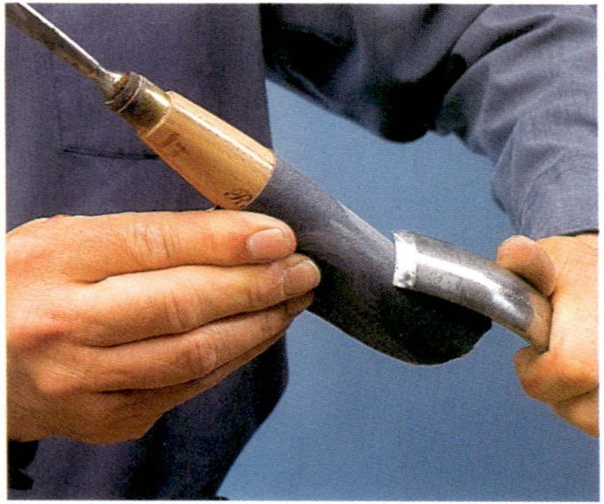

2 Dann wird das Schleifpapier um das Heft eines Hohleisens gewickelt, um so ein Schleifwerkzeug herzustellen.

Werkzeugtasche

Die scharfen Schneiden der Schnitzwerkzeuge sollten nicht mit metallischen Gegenständen in Berührung kommen, weil sie sehr empfindlich sind. Handhaben Sie sie mit Vorsicht und bewahren Sie sie gut auf. Wenn Sie eine Werkstatt haben, können Sie ein Regal für die Werkzeuge bauen. Tragbare Kästen mit Schubladen oder Gestelle sind ebenfalls gut, aber schwer, wenn sie gefüllt sind. Eine einfache, aber praktische Alternative ist es, eine Werkzeugtasche anzufertigen. Diese wird traditionell aus Kalmuck, einem dicken Wollstoff, hergestellt, aber Segeltuch oder Jute sind genauso gut.

Die hier gezeigte Anordnung ist für 19 Werkzeuge ausgelegt. Aber sie kann leicht erweitert werden. Allerdings wird die Rolle bei mehr als 30 Werkzeugen unhandlich.

Die Taschen sind versetzt angeordnet, so dass die scharfen Schneiden der Werkzeuge geschützt zwischen den Heften der gegenüberliegenden Werkzeuge liegen. So wird der Stoff nicht zerschnitten, wenn man die Seiten nach innen klappt und die Tasche aufrollt. Die Außenklappe hilft, die verpackten Werkzeuge nach außen zu schützen und die Rolle zusammenzuhalten, wenn sie zusammengewickelt wurde.

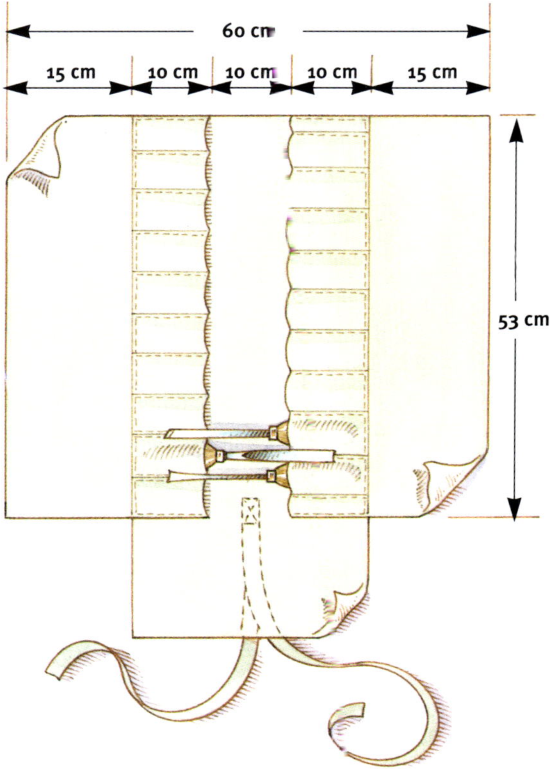

Werkzeugschnitte

Wenn man mit einem Balleisen oder Hohleisen schnitzt, sollte man Bewegungen in folgender Reihenfolge ausführen: Am Anfang wird das Werkzeug in einem steilen Winkel gehalten, so dass es in das Holz sticht. Dann wird geschnitten, indem man das Heft im Bogen nach unten drückt, während sich das Eisen nach vorne und aus dem Holz bewegt. Je schneller die Bewegung, desto schärfer der Bogen. Bei einem langsamen Schnitt wird ein sanfter Bogen geschnitten.

Wenn man einen Klüpfel benutzt, führt eine Hand das Werkzeug, während die andere den Klüpfel hält. Wenn man nur mit den Händen arbeitet, übt eine Hand Druck auf das Werkzeug aus, während die andere Hand es führt und kontrolliert. Natürlich gibt es auch einige Schnitte, die eine andere Technik erfordern, zum Beispiel das senkrechte Abstechen oder das Abtragen dünner Späne von einer flachen oder gekrümmten Oberfläche.

Wenn Sie einen Klüpfel benutzen, um viel Abfallholz zu entfernen, ist es wichtig, ständig Holzspäne abzuschälen. Wenn Sie Ihr Hohleisen zu weit in das Holz treiben, kann es leicht eingeklemmt und dabei beschädigt werden, und es ist nicht leicht, es wieder herauszuziehen.

1 Betrachten Sie die folgenden Bilder genau, um zu lernen, wie man Schnitzwerkzeuge bei den Grundschnitten am besten hält und führt. Das Üben dieser Schritte und die Beachtung der Methoden, die die Schnitzer in diesem Buch verwenden, wird Ihnen helfen, sicher zu werden und den richtigen Winkel beim Ansetzen zu finden.

2 Der erste Stich in das Holz soll dazu dienen, einen dreieckigen Holzspan herauszuschneiden, der Teil eines sich wiederholenden Musters ist. Stechen Sie den Beitel in der gewünschten Tiefe an der Spitze ein, aber an der Basis des Dreiecks berühren Sie nur die Oberfläche. An der zweiten Seite wird auf gleiche Weise eingestochen. Bearbeiten Sie das Muster auf beiden Seiten der Linie.

3 Der dritte Schnitt entfernt den Holzspan. Halten Sie den Beitel in einem flachen Winkel und schieben Sie ihn. Führen Sie ihn in der Nähe einer Seite. Es ist das Ziel, genau an der Basislinie entlang zu schnitzen, so dass die Ecke des Beitels die Spitze aussticht, wenn die Schneide die andere Seite erreicht.

4 Bei einer Raute beginnt man mit vier Stichen. Hier bildet die Mitte den tiefsten Punkt. Das Eisen des Beitels muss senkrecht gehalten und die Schneide schräg aufgesetzt werden.

5 Entfernen Sie jeden Holzspan mit einem Schnitt. Schneiden Sie flach an der Linie auf der Oberfläche entlang. Halten Sie den Beitel so, dass Sie die anderen Schnittlinien und Eckpunkte treffen. Bei größeren Rauten kann es erforderlich sein, das Holz mit zwei Schnitten zu entfernen.

6 Der Schnitzer benutzt einen Klüpfel und ein Hohleisen, um eine gebogene Linie in das Holz zu stechen.

7 Um schuppenförmige Muster zu schnitzen, stechen Sie für jeden Schuppenbogen das Hohleisen mehrmals ein. Das ist besser, als den ganzen Bogen mit einem Hohleisenschnitt zu entfernen. Lassen Sie das Eisen auf der eingestochenen Linie hin und her gleiten, um die Form zu vervollständigen.

8 Entfernen Sie die Holzspäne mit demselben oder einem flacheren Hohleisen. Das hängt von der gewünschten Form der Aushöhlung ab.

9 Die rechte Hand drückt die Schneide kräftig ein und die linke Hand führt, während sie ebenfalls auf der Bank ruht, um mehr Halt zu bekommen. Ohne diese kontrollierende Führung könnte das Eisen zu viel Holz herausnehmen.

10 Anstatt einen Klüpfel und einen Beitel zu benutzen, können Sie Muster auch mit einem Hohleisen einstechen. Mit einer Hand wird Druck ausgeübt; die andere hält das Hohleisen in Position.

11 Wenn das Muster eingestochen wurde, ändern Sie den Winkel der Schnittrichtung, um Holzspäne zu entfernen.

Gekröpfte und verkehrt gekröpfte Hohleisen

Diese löffelförmigen, vorne gebogenen (gekröpften) Hohleisen werden meistens in Hohlformen benutzt, die anders nicht zugänglich sind. Verkehrt gekröpfte Hohleisen werden relativ selten eingesetzt, obwohl sie für bestimmte Aufgaben sehr nützlich sind. Die folgenden Fotos zeigen Beispiele für beide Arten beim Einsatz.

1 Ein gekröpftes Hohleisen wird verwendet, um einen kleinen konkaven Bogen anzulegen. Arbeiten Sie abwechselnd von jeder Seite nach unten zur Mitte hin.

2 Ein näherer Blick auf das Hohleisen bei der Arbeit.

3 Bei dieser Aufnahme und beim ersten Schritt schiebt der Schnitzer das Werkzeug mit seiner linken Hand, aber auf dem zweiten Bild arbeitet er mit der rechten Hand. Es ist nützlich, sich diese Fähigkeit anzueignen, weil Sie sonst jedes Mal die Schraubzwinge entfernen und die Position des Werkstücks verändern müssen, wenn Sie die Richtung ändern wollen.

4 Ein verkehrt gekröpftes Hohleisen führt die gleiche Arbeit aus wie ein umgekehrtes gerades Hohleisen, aber man kann damit konkave Bogen schnitzen. An diesen Stellen würde ein gerades Hohleisen tief in das Holz schneiden.

5 Wie Schritt 4 demonstriert dieses Bild, dass man mit einem umgekehrt gekröpften Hohleisen an den Kanten einer ziemlich kleinen konkaven Rundung entlangarbeiten kann.

6 Obwohl dieser Löffelgriff sowohl gerade als auch horizontal ist, ermöglicht es Ihnen der Winkel des gekröpften Hohleisens, die Hände oberhalb der Schraubzwinge, mit der der Löffel eingespannt ist, zu halten.

HALTEVORRICHTUNGEN

Das Werkstück darf sich beim Schneiden nicht bewegen. Es gibt viele gute Zwingen und Schraubstöcke, aber gelegentlich müssen Sie improvisieren, damit das Werkstück sicher gehalten wird.

Eine einfache, grobe Methode, die aber wirkungsvoll ist, besteht darin, Nägel durch die Abfallholzenden der Stücke in die Werkbank zu schlagen. Für empfindliche Arbeiten wird das Stück auf ein Brett geleimt. Mehrere Lagen Zeitungspapier werden dazwischengeleimt, so dass das Werkstück leicht abgetrennt werden kann, wenn es fertig ist. An der Unterseite dickerer Schnitzwerke kann ein Brett festgeschraubt und dieses auf der Werkbank festgespannt werden, so dass nichts Ihren Händen in die Quere kommt.

Wenn Sie am Rand Ihres Werkstücks etwas Abfallholz stehen lassen, kann das Schnitzwerk in einem Schraubstock oder von Schraubzwingen gehalten werden. Das Abfallholz wird abgesägt, wenn es nicht mehr benötigt wird. Stücke, die unregelmäßig sind oder durch Druck beeinträchtigt werden könnten, muss man polstern, wenn sie eingespannt werden. Verwenden Sie Lederreste, Sperrholz, Karton oder abgeschnittene Teile des Schnitzwerks.

1 Um dünne Platten zu halten, schraubt man einen Halteklotz parallel zur sich verjüngenden Kante eines Keils fest. Wenn der Keil leicht dazwischen geschlagen wird, wird die Platte gegen die hoch stehende Leiste auf der anderen Seite gedrückt und verkeilt.

2 Alternativ kann man dünne Stücke aus Hartholz auf jeder Seite der Platte in der Werkbank festschrauben. Je näher sich die Schraube an der Platte befindet, umso mehr Druck wird ausgeübt.

Bei dickeren Platten folgt man Methode 2, benutzt aber kleine Blöcke mit etwa der gleichen Dicke wie die Platte als Gegenlager für die Hartholzstücke.

V-förmiger Block. Ein Holzblock mit einer V-förmigen rechtwinkligen Auskehlung, die über die gesamte Länge eingelassen wurde, kann benutzt werden, um Hölzer fast aller Querschnitte zu halten. Ein Anschlag aus Hartholz ist quer in das V-Profil eingesetzt worden, um Hölzer mit einem quadratischen Querschnitt zu einer sechseckigen, achteckigen, zylindrischen oder einer anderen Form zu hobeln. Der V-förmige Block kann so lang sein, wie Sie ihn benötigen. Er kann in einem Schraubstock gehalten werden, wenn Sie hobeln, oder mit einer Schraubzwinge eingeklemmt werden, um andere Arbeitsgänge durchzuführen.

Mit einem Schnellspannvorrichtung können Sie Stücke bis zu einer Höhe von 190 mm festhalten. Die hier gezeigte hat eine Reichweite von 180 mm und kann aus dem Bankloch genommen werden, um eine freie Fläche zu bekommen.

In eine lange **Schraubzwinge** oder einen **Schraubknecht** können Sie Spindeln mit unterschiedlichen Querschnitten einspannen. Die Gleitschiene der Zwinge wird in einem Schraubstock gehalten. Eine Leiste mit einem Querschnitt von etwa 50 x 25 mm an der Seite der Bank dient als Abstandhalter.

1 Ein **Bankhaken** für die Werkbank hilft beim Sägen oder bei der Arbeit mit einem kleinen Hohleisen.

2 Das Holzstück kann sehr gut festgehalten werden, wenn man es beim Sägen gegen den Anschlag drückt.

1 Sichern Sie eine hölzerne Kugel beim Bohren, indem Sie ein Loch in einen Holzklotz fräsen. Der Durchmesser des Lochs sollte kleiner sein als der der Kugel, und die Kugel sollte gut in ihm ruhen.

2 Befestigten Sie die Bohrmaschine im Bohrständer. Zentrieren Sie den Klotz mit der Kugel unter der Bohrmaschine und halten Sie ihn mit einer Schraubzwinge in dieser Position fest, während Sie bis zu der gewünschten Tiefe bohren.

Ein **Schraubstock für Holzarbeiten** kann gedreht oder weiter auf die Werkbank geschoben werden, wenn man die Bankschraube löst. Weil er hauptsächlich aus Holz besteht, wird der Beitel nicht so leicht beschädigt, wenn er einmal abrutscht.

ZEICHNUNG

Bevor Sie mit dem Schnitzen beginnen, müssen Sie den Entwurf auf die Außenseite des Holzstücks zeichnen. Sie müssen kein brillanter Künstler sein, aber Sie sollten in der Lage sein, sich ein klares Bild zu machen. Bevor Sie Ihre Zeichnung auf das Holz übertragen, fertigen Sie einige Skizzen an, um Ihre Ideen zu entwickeln.

Dann zeichnen Sie Ihren Entwurf in Originalgröße oder maßstabgetreu auf. Welche Zeichentechnik Sie verwenden, hängt davon ab, ob Sie eine Skulptur oder ein Relief schnitzen wollen.

Entwurfsskizzen
Das Anfertigen von Skizzen kann dabei helfen, Ideen zu konkretisieren und auch die Strukturen des ausgewählten Gegenstands zu erkunden.

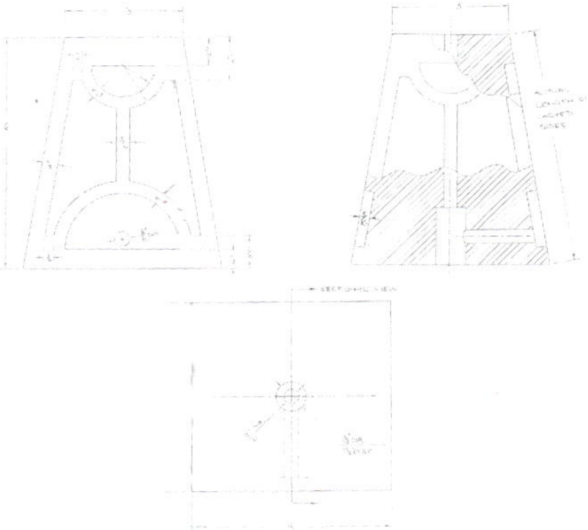

Reinzeichnung
Die hilfreichste Methode, um darzustellen, wie die Formen Ihres Schnitzwerks aussehen sollen, ist die Herstellung von Draufsichten und Aufrissen, in denen die Umrisse der Vorderseite, der Seiten, der Rückseite und der Oberseite wiedergegeben sind.

ÜBERTRAGEN VON ZEICHNUNGEN

Einige Zeichnungen können freihändig auf das Holz übertragen werden. Wenige Hilfslinien dienen dazu, die wichtigen Teile richtig auf den verschiedenen Flächen zu platzieren. Normalerweise muss eine Zeichnung jedoch genau auf das Holz übertragen werden. Einige der wichtigsten Verfahren werden hier illustriert.

1 Durchlöchern Sie die Zeichnung in kurzen Abständen, z. B. mit einer Zirkelspitze. Dann tupfen Sie einen kleinen Stoffbeutel, der feines Pulver enthält (es ist alles möglich, was sichtbare Spuren hinterlässt), auf die Löcher.

2 Verbinden Sie die Punkte, die das Pulver hinterlassen hat, durch eine Linie, die mit einem Bleistift (Härte B) gezogen wird.

1 **Kopieren mit Kohlepapier** Einfacher ist die Verwendung von Kohle- oder Graphitpapier. Wenn es sinnvoll ist, zeichnen Sie zuerst Mittellinien und andere Achsen auf das Werkstück. Dann legen Sie die Zeichnung in der richtigen Position auf das Holz. Legen Sie ein Blatt Kohlepapier dazwischen und fahren Sie mit einem harten Bleistift die Linien nach.

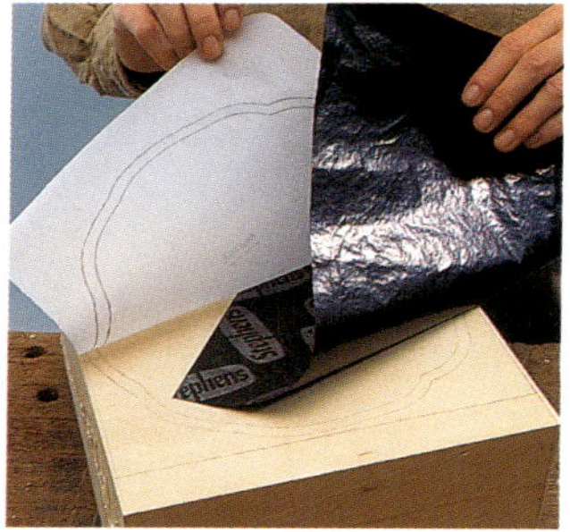

2 Vor dem Entfernen der Zeichnung heben Sie eine Ecke an, um zu prüfen, ob alle Linien klar übertragen wurden.

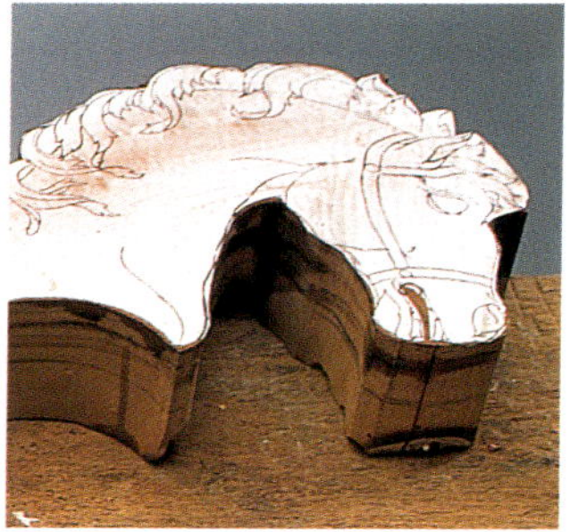

Fotokopien

Bei dunklem Holz, zum Beispiel amerikanischem Nussbaumholz, können Sie Fotokopien von der Zeichnung machen und sie auf die Holzoberfläche kleben. Denken Sie daran, daß Fotokopien verzerrt sein können und Kleister auf Wasserbasis zu einer Ausdehnung des Papiers führt. Sie können dies beim Schnitzen ausgleichen.

Gitter

Benutzen Sie Gittermuster, um eine Zeichnung zu übertragen, die einen anderen Maßstab als das geplante Schnitzwerk hat. Zeichnen Sie ein Gitter, falls erforderlich im Maßstab vergrößert oder verkleinert, über die Zeichnung und auf das Holz. Dann übertragen Sie die Zeichnung Quadrat für Quadrat, entweder direkt auf das Holz oder mit Hilfe von Pauspapier. Gittermuster können auch benutzt werden, um Zeichnungen in Originalgröße zu übertragen, besonders wenn Sie einen Bereich neu zeichnen müssen, der weggeschnitzt wurde.

1 **Schablonen** können verwendet werden, um relativ einfache Formen zu übertragen. Sie sind ideal, um die Position wichtiger Details anzuzeigen und sogar ziemlich knifflige Umrisse zu zeichnen, aber sie sind nicht für komplizierte Zeichnungen geeignet. Unter Umständen benötigen Sie Hilfslinien, um die Schablonen präzise zu positionieren.

2 Mit Schablonen kann man die Genauigkeit von Formen während des Schnitzens überprüfen. Bei einer Schnitzarbeit mit einer regelmäßigen Form benutzt man eine Profilschablone. Schablonen können auch benutzt werden, um die Innenformen von Objekten wie Schalen zu überprüfen. Sie liefern ungefähre Orientierung oder präzise Vorlagen.

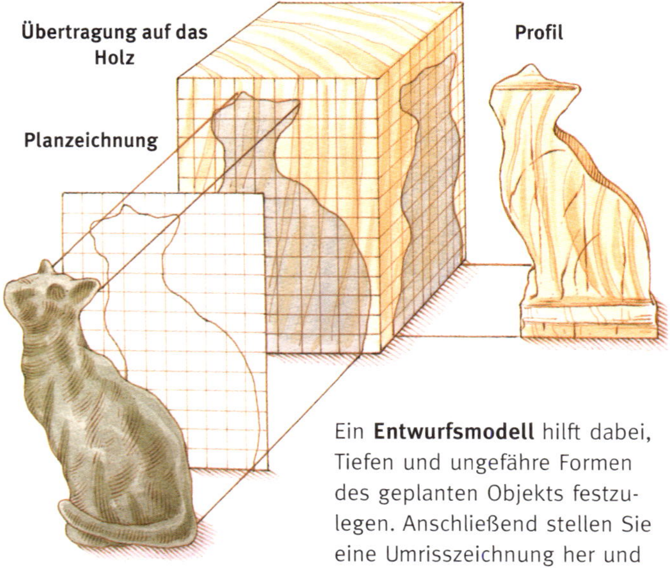

Ein **Entwurfsmodell** hilft dabei, Tiefen und ungefähre Formen des geplanten Objekts festzulegen. Anschließend stellen Sie eine Umrisszeichnung her und legen ein Gitter über den Umriss. Übertragen Sie Zeichnung und Gitter freihändig oder mit Hilfe von Kohlepapier auf den Holzblock.

PLASTISCHES SCHNITZEN

Reliefartige Schnitzwerke können eine dreidimensionale, massive Struktur mit einer bildhaften Illusion verbinden, aber eine plastische Schnitzerei ist ein freistehendes, dreidimensionales Objekt, das man aus jeder Richtung betrachten soll. Dies müssen Sie im Entwurfsstadium und beim gesamten Schnitzvorgang bedenken. Wenn man um eine dreidimensionale Skulptur herumgeht, verändert sich ihr Erscheinungsbild ständig. Sie können Ihre Skulptur beim Anfertigen aus jedem Blickwinkel prüfen. Gewinnen Sie einen Gesamteindruck durch Überprüfung der Ansicht von vorn, von hinten und von allen Seiten. Wichtig ist auch der Blick von oben, die Draufsicht.

1

2

3

4

5

6

7

8

ANFERTIGEN VON ENTWURFSMODELLEN

Modellieren und Schnitzen sind entgegengesetzte Aktivitäten. Beim Modellieren wird eine Form aufgebaut, und beim Schnitzen wird weggeschnitten, um eine Form freizulegen. Es ist jedoch schwierig, sich die in einem massiven Block enthaltene dreidimensionale Form ausreichend vorzustellen, um sie nur nach der Vorlage von Zeichnungen zu schnitzen. Das Anfertigen von Entwurfsmodellen dient zwei Zwecken. Es ermöglicht dem Schnitzer, seine Idee schnell dreidimensional auszuprobieren, und es kann als Ergebnis haben, dass eine Idee, die auf dem Papier gut aussah, nicht wirkt, nachdem sie in drei Dimensionen übertragen wurde. Bei der Holzbearbeitung würde man dies erst spät feststellen können. Für eine professionelle Schnitzarbeit muss das Entwurfsmodell eventuell präzise ausgearbeitet sein, aber es ist normalerweise vorteilhaft, das Modell unvollendet zu lassen, so dass man es beim Schnitzen entwickeln kann. So bleibt die Versuchung gering, nur eine Kopie zu machen. Die am einfachsten zu verwendenden Materialien sind Ton und Knetmasse.

1 Genauso wie Menschen Skelette benötigen, brauchen stehende Figuren oder andere senkrechte Modelle Gerüste, um dem Ton Halt zu geben. Dies ist ein Gerüst für eine aufrecht stehende Figur. Es wurde aus Aluminiumdraht hergestellt und wird von einer Stütze gehalten.

2 Beim Reliefmodellieren und den meisten horizontalen Modellen liegt die Tonschicht auf einer Unterlage und muss nicht gestützt werden. Rollen Sie etwas Ton bis zu einer Dicke von 12 mm auf einem Modellierbrett aus. Schneiden Sie es in Form und zeichnen Sie den Entwurf mit einem spitzen Stift.

3 Bauen Sie Formen zügig auf. Hier wurden die Formen angelegt, so dass Details hinzugefügt oder bei Bedarf angedeutet werden können. Stellen Sie sich beim Modellieren vor, wie die Formen geschnitzt werden.

4 Der größte Teil der Arbeit kann mit den Fingern ausgeführt werden, aber es ist nützlich, ein paar Modellierinstrumente zu haben, um Details herauszuarbeiten.

5 Beim Fortgang der Arbeit fügen Sie weiter kleine Stücke Ton hinzu, um die gewünschten Formen zu modellieren. Hier werden die „Augen" der Akanthusblätter deutlicher herausgearbeitet.

6 Ein kleiner Tonklumpen wird eingefügt, um ein Blütenblatt zu gestalten. Es ist wichtig, den Ton feucht zu halten. Deshalb sollte er gelegentlich leicht mit Wasser besprüht werden. Eine kleine Sprühflasche, wie sie für Zimmerpflanzen benutzt wird, ist dafür gut geeignet.

7 Texturen und Details müssen nicht beim Schnitzen exakt kopiert werden, sondern mögliche Effekte sind in die Ausdrucksform des Schnitzens zu übersetzen. Einer detailgenauen Kopie fehlt die Lebendigkeit, während eine freie Übertragung sehr lebendig wirken kann.

8 Wenn das Entwurfsmodell praktisch abgeschlossen ist, kann man den höher stehenden Rand fertig stellen, da er jetzt nicht mehr beim Arbeiten stört.

9 Das fertige Entwurfsmodell kann eingewickelt und feucht gehalten werden, bis es gebraucht wird. Wenn dies nicht zweckmäßig ist, macht man einen Gipsabdruck davon. Zuerst wird eine Gussform hergestellt.

Gipsabdrücke

Vor dem Verarbeiten von Gips sollte man die Umgebung mit Zeitungspapier oder Plastikfolie schützen. Schütten Sie niemals Wasser, das Gips enthält, in den Abfluss, weil er sich dort festsetzt. Benutzen Sie eine Hautcreme, um Ihre Hände zu schützen, und spülen Sie sie nachher in einem Eimer ab, bevor der Gips hart wird. Gips kann in jedem geeigneten Behälter angesetzt werden; am einfachsten zu reinigen sind weiche Plastikschalen. Waschen Sie benutzte Geräte in einem Eimer mit klarem Wasser ab, niemals im Waschbecken oder Bad.

1 Bauen Sie eine Wand aus Ton um das Modell in einem Abstand von etwa 20 mm und ungefähr 25 mm höher.

2 Streichen Sie geschlämmten Ton als Trennmittel auf die Teile der Modellplatte, die zwischen dem Modell und der Tonwand zu sehen sind.

3 Färben Sie die erste Gipsschicht, indem Sie Wasserfarbe mit dem Wasser mischen. Dann wird Gips in das Wasser gestreut, bis er die Oberfläche erreicht. Lassen Sie den Gips ein paar Minuten stehen, damit er Wasser aufnehmen kann.

4 Tauchen Sie Ihre Hand langsam in den Gips und bewegen Sie Ihre Finger unter der Oberfläche hin und her. Dabei rühren Sie um und zerdrücken die Klumpen, ohne Luftblasen einzuschließen. Lassen Sie die Mischung einige Minuten ruhen.

5 Streichen Sie eine dünne Schicht aus farbigem Gips über das ganze Modell. Streichen und drücken Sie ihn vorsichtig mit den Fingern in alle Löcher, um Lufttaschen zu vermeiden. Für schwer erreichbare Stellen benutzen Sie eine Bürste. Sie müssen sie immer wieder ausspülen, aber auch dann wird die Bürste nicht lange halten.

6 Der Gips wird schnell hart. Dann werden einige Bereiche mit geschlämmtem Ton bestrichen, um das Trennen zu erleichtern. Lassen Sie einen Rand an der Kante stehen und einige Bahnen auf dem Modell als Verbindungsstellen für die nächste Schicht. Rühren Sie weißen Gips an und füllen Sie die Form bis zur Oberkante der Wand.

7 Rütteln Sie die Gussform, solange der Gips noch flüssig ist, damit Luftblasen entweichen. Wenn Sie noch mehr Gips hinzufügen müssen, um die Form aufzufüllen, sollte die Oberfläche rau bleiben, um Verbindungsstellen zu schaffen. Der letzte Guss sollte glatt sein.

8 Wenn der Gips fest geworden ist, wird die Form umgedreht und das Modellierbrett entfernt. Der größte Teil des Tons lässt sich leicht entfernen. Einige Teile müssen mit einem hölzernen Modellierstift aus detailreichen Stellen gekratzt werden. Passen Sie auf – der Gips wird leicht beschädigt.

9 Die Gussform ist fast fertig, um den weißen Gips für den Gipsabdruck einzufüllen. Die dünne blaue Schicht soll Sie warnen, wenn Sie sich der Oberfläche beim Abnehmen der Form vom Abdruck nähern.

10 Die ursprüngliche Tonbasis des Modells war etwas zu dünn für den Abdruck, so dass um die Form eine Wand aufgebaut werden muss. Sie sitzt auf dem Brett auf und ist etwa 12 mm höher als der Rand der Form.

11 Wenn der Gips unversiegelt bleibt, wird der Abdruck in der Form kleben. Bestreichen Sie die Innenseite der Form deshalb mit geschlämmtem Ton oder weicher Seife als Trennmittel.

12 Rühren Sie weißen Gips an und schütten Sie ihn vorsichtig in die Modellform. Klopfen und streichen Sie ihn in alle Details. Durch Rütteln werden Luftblasen entfernt. Um zusätzliche Stabilität zu erreichen, kann man grob gewebten Baumwollstoff auf den feuchten Gips legen. Dann wird die obere, 12 mm dicke Schicht darauf gegossen.

13 Benutzen Sie einen Klüpfel und einen Meißel, um den weißen Teil der Form bis zur blauen Schicht abzuschlagen.

14 Seien Sie behutsam beim Abschlagen der blauen Schicht. Es kann sehr leicht passieren, dass man entstellende Schrammen auf dem Abdruck macht.

15 Ihr Entwurfsmodell ist nun fertig. Wenn es trocken ist, können Sie zwei Schichten Schellack auftragen, damit es leichter sauber gehalten werden kann und durch die Einfärbung der Oberfläche Details besser erkennbar sind. Aber der Auftrag von Schellack kann auch unterbleiben.

RELIEFSCHNITZEN

Geschnitzte Reliefs können aus Vertiefungen in einer Tafel bestehen oder aus Erhebungen unterschiedlicher Ausprägung, von der kaum geritzten bis zur fast dreidimensionalen Oberfläche. Reliefschnitzereien benutzen oft nur eine Reliefart für die gesamte Darstellung: normalerweise ein flaches oder ein mittleres Relief, obwohl Schnitzer, die bildhafte Reliefs anfertigen, ihren Werken manchmal einen größeren perspektivischen Ausdruck geben, indem sie die Reliefstärke beim Fortschreiten vom Hintergrund zum Vordergrund steigern.

Die folgenden Begriffe bezeichnen die wichtigsten Techniken beim Reliefschnitzen:

Einstechen – Übertragung der Zeichnung auf das Holz; tiefer legen – Wegschneiden des Holzes bis zur Höhe des Hintergrunds; abstechen – Schneiden an der Umrisslinie des Entwurfs; flach abtragen, grob bearbeiten – Begriffe für das Gestalten der Formen; modellieren – das Verfeinern und Glätten der Formen; unterschneiden – das Arbeiten von der Vorderseite, um Holz unter den Formen zu entfernen. Dies ist einer der letzten Arbeitsschritte.

Eine Technik wird im Lauf der Schnitzarbeiten bis zur Fertigstellung des Stücks oft mehrmals wiederholt.

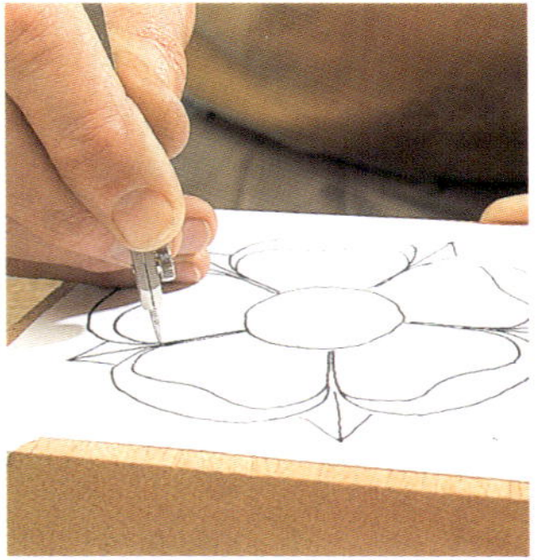

1 Einstechen Legen Sie die Zeichnung genau in Position und sichern Sie sie mit Klebeband. Durchlöchern Sie die Zeichnung in kurzen Abständen, z. B. mit einer Zirkelspitze.

2 Verbinden Sie die Einstiche auf dem Holz mit einem Bleistift (Härte B). Wenn das Holz hell genug ist, können Sie anstelle des Einstechens Kohlepapier oder Graphitpapier verwenden.

3 Markieren Sie die endgültige Höhe des Hintergrunds auf allen Seiten der Tafel. Ein Streichmaß ist dabei nützlich.

Tiefer legen

Entfernen Sie so viel Abfallholz wie möglich mit einer Säge, wenn dies praktikabel ist. Sägen Sie quer über eine Ecke 3 mm außerhalb der gezeichneten Linien bis auf 3 mm zur Hintergrundlinie. Spannen Sie das Holz in einen Schraubstock ein und sägen Sie 3 mm oberhalb parallel zum Hintergrund.

1 Abstechen

Wenn alle Ecken entfernt wurden, sticht man ab. Benutzen Sie ein Hohleisen, um senkrecht nach unten bis zum Hintergrund zu schneiden. Halten Sie einen Abstand von etwa 3 mm von der gezeichneten Linie. Stoppen Sie mindestens 2 mm oberhalb der Ebene des Hintergrunds.

2 Stechen Sie weiter Holz ab, diesmal näher an der Linie. Benutzen Sie Hohleisen, die möglichst gut zu den Krümmungen der Linien passen.

3 Benutzen Sie ein fast flaches Hohleisen, zum Beispiel Nr. 3, um den Hintergrund bis auf 2 mm vor der endgültigen Tiefe abzutragen.

4 Stechen Sie mit einem Hohleisen am mittleren Kreis der Rose in das Holz. Für die geraden Linien zwischen den Blütenblättern verwenden Sie ein Balleisen. Schließlich werden die Bogen der Blütenblätter über den Kelchblättern eingestochen. Seien Sie dabei besonders vorsichtig, weil diese Spitzen heikel sind.

5 Setzen Sie mit einem Hohleisen Nr. 9 oder 10 ziemlich nahe an der inneren Linie der Blütenblätter an. Dies schützt etwas davor, beim Schnitzen Schaden anzurichten. Außerdem wird der Schnitt erleichtert, wenn man später in der Nähe der Linie einsticht.

1 Flach abtragen
Machen Sie schräge Schnitte nach innen, um das Oberteil der spitzen Kelchblätter flach abzutragen.

2 Der Blütenknopf in der Mitte der Rose wird mit einem Hohleisen abgerundet. Dabei wird die Fase oben geführt. Schnitzen Sie quer zur Faserrichtung oder mit ihr, aber nicht gegen sie.

3 Tragen Sie die Innenseiten der Blütenblätter, wo sie auf die Mitte der Blüte treffen, flach ab. Blütenblätter und Blütenmitte werden weiter grob bearbeitet, um diesen Bereich deutlich zu gestalten.

4 Mit passenden Hohleisen wird auf den inneren Linien der Blütenblätter senkrecht in das Holz gestochen. Bestimmen Sie den Mittelpunkt der Rose und markieren Sie ihn mit einem Bleistift.

5 Die Innenseiten der Blütenblätter krümmen sich in zwei Richtungen nach unten: zur Mitte hin und über eine etwas kürzere Strecke zu den gewellten Rändern hin. Mit Bleistift und Zirkel zeichnet man einen Kreis über die höchsten Punkte der einzelnen Blütenblätter.

6 Runden Sie die äußeren Bereiche der Krümmungen ab. Schließlich gibt es einen S-förmigen Verlauf, der am Außenrand der Blütenblätter beginnt, zum höchsten Punkt ansteigt und dann einen Bogen nach unten zur Kante des Knopfs in der Mitte macht.

7 Die Blütenmitte liegt tiefer als die Umrandung der Rose. Deshalb wird die Mitte fast bis zum endgültigen Niveau vertieft. Bearbeiten Sie die Ränder der Blütenblätter, die ebenfalls wie die Innenseiten leicht S-förmig gebogen sind.

8 Schneiden Sie die Hohlformen an den Außenrändern der Blütenblätter flach aus. Zeichnen Sie beim Schnitzen wichtige Linien wieder neu, wenn sie entfernt wurden.

9 Bearbeiten Sie weiter die Innenseiten der Blütenblätter. Man verliert leicht den Überblick, wenn man sich auf Details konzentriert. Deshalb sollten Sie sich von Zeit zu Zeit das Bild der fertigen Rose vergegenwärtigen, um das Ziel nicht aus den Augen zu verlieren.

1 Modellieren
Wenn die grob bearbeiteten Form gestaltet ist, beginnen Sie damit, die Elemente zu modellieren, um die Rose zu vervollständigen. Formen Sie zunächst einen Bogen auf der Innenseite des gewellten Blütenblatts.

2 In diesem Arbeitsstadium ist das Modellieren eine Fortsetzung der groben Bearbeitung, weil man vor dem Verfeinern der Formen immer noch vorbereitende Schnitte machen muss. Modellieren Sie einen Teil der Wellenform, dann die ganze Rose gleichmäßig. Schnitzen Sie die inneren und äußeren Linien der Wellenform.

3 Die weitere Bearbeitung besteht in der Verfeinerung aller Formen. Schaffen Sie Übergänge zwischen konvexen und konkaven Oberflächen. Stechen Sie auch die Außenseite und die Linien ab, an denen sich die Blütenblätter berühren oder wo sie auf die Blütenmitte treffen. Dadurch sehen diese Stellen deutlich und sauber geschnitten aus.

4 Zeichnen Sie die Mittellinie auf jedes Kelchblatt.

5 Schnitzen Sie die abgewinkelten Flächen auf dem Oberteil jeder Kelchspitze. Die Kanten der Rose bleiben so lange senkrecht stehen, bis das Schnitzwerk fast abgeschlossen ist.

1 **Unterschneiden**
Um den Eindruck zu vermitteln, dass die Rose auf dem Hintergrund ruht und nicht Teil von ihm ist, wird der Bogen der Blütenblätter abgerundet und unterschnitten. Der Schnittwinkel variiert je nach Faserrichtung. Danach werden die Seiten der Kelchspitzen mit einem leichten Überhang geschnitzt.

2 Der Hintergrund wird auf sein endgültiges Niveau tiefer gelegt. Bearbeiten Sie das ganze Stück, so dass Sie mit der fertigen Oberfläche zufrieden sind. Verändern Sie mehrmals den Beleuchtungswinkel, damit Unvollkommenheiten zum Vorschein kommen.

3 Die fertige Wappenrose. Die grundlegenden Techniken, die beim Schnitzen dieses Werks gebraucht wurden, können auch auf viel komplexere Reliefs angewendet werden.

DURCHBRUCHARBEIT UND HINTERSCHNEIDEN

Durchbrochene Schnitzereien werden typischerweise in Zwischenräumen von Trennwänden eingesetzt, und oft ist das Holz auf beiden Seiten geschnitzt. In anderen Fällen, wo nur die Vorderseite betrachtet werden soll, kann es vorteilhaft sein, etwas Holz von der Rückseite wegzuschneiden, um das Schnitzwerk eher dreidimensional, eleganter oder dünner aussehen zu lassen. Diese Technik kann mit Hinterschneiden bezeichnet werden. Lassen Sie immer Holz in geringer Stärke an den Kanten stehen, sowohl um das Licht aufzunehmen als auch eine feine Form zu stabilisieren. Der Entwurf, der hier gezeigt wird, könnte für die Rückwand eines Möbelstücks verwendet werden.

1 Schablonen
Bereiten Sie Ihr Brett vor und zeichnen Sie die beiden Achsen Ihres Entwurfs rechtwinklig zueinander auf beide Seiten des Holzstücks. Sie werden oft als X- und Y-Achsen bezeichnet und bilden das Zentrum des Entwurfs.

2 Schablonen sind ein gutes Hilfsmittel, um den Entwurf auf das Brett zu übertragen. Bringen Sie die erste Schablone sorgfältig in Position und zeichnen Sie mit einem weichen Bleistift um sie herum.

3 Die zweite Schablone stellt die Öffnung dar. Deshalb muss sie präzise platziert werden.

4 Zeichnen Sie die anderen Teile des Entwurfs auf die gleiche Weise auf. Wenn Sie einen komplizierteren Entwurf als diesen auswählen, sollten Sie die Stellen schraffieren, die zu durchbrechen sind.

1 **Stichsäge**
Eine Möglichkeit, das Abfallholz schnell zu entfernen, ist der kombinierte Einsatz von Bohrer und Stichsäge. Bohren Sie fünf Löcher mit einer Bohrwinde und einem 16-mm-Bohrer.

2 Schneiden Sie mit einer Stichsäge die Stellen zwischen den Löchern in der Nähe der Linie durch.

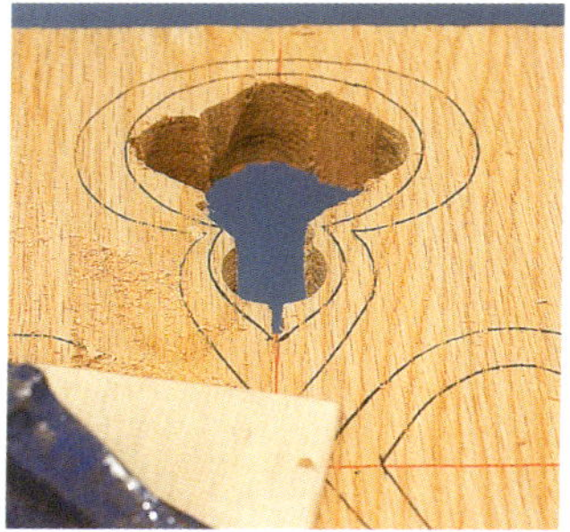

3 Durch den Sägeschnitt entsteht ein ziemlich unsauberes Loch. Es muss mit Hohleisen nachbearbeitet und bis zur Linie erweitert werden.

1 **Bügelsäge**
Einfacher ist es, einen kleinen Bohrer und eine Bügelsäge zu verwenden. Bohren Sie an geeigneter Stelle ein Loch mit einer Handbohrmaschine und einem Spiralbohrer entsprechender Größe, zum Beispiel 5 mm.

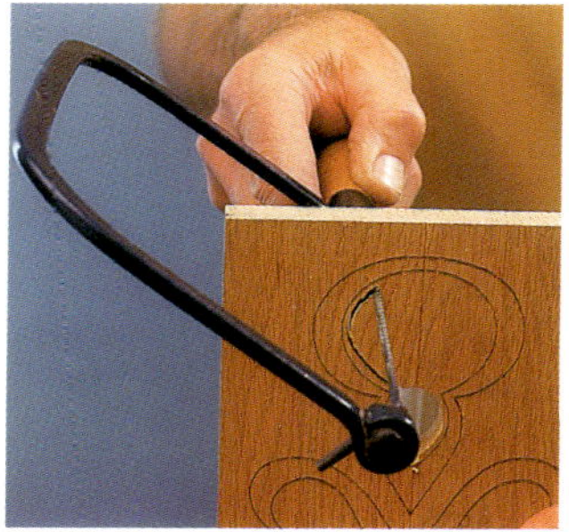

2 Das Brett wird in einem Schraubstock festgeklemmt. Schieben Sie das Sägeblatt durch das Loch und spannen Sie es in die Bügelsäge so ein, dass die Zähne nach unten zum Griff zeigen, weil man normalerweise beim Ziehen schneidet. Sägen Sie innen knapp an der Linie entlang. Vorsicht, das Sägeblatt neigt dazu, auszubrechen.

3 Die Öffnung, die mit der Bügelsäge hergestellt wurde, muss wahrscheinlich weniger nachbearbeitet werden. Wenn das Brett nicht zu dick ist, könnte anstelle der Bügelsäge auch eine Laubsäge benutzt werden.

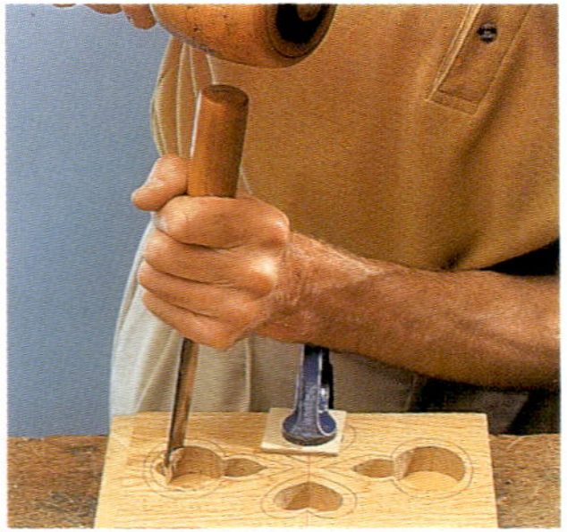

4 Säubern Sie die Löcher mit Hohleisen. Wenn man, wie in diesem Fall, Eichenholz bearbeitet, erleichtert ein Klüpfel die Arbeit. Stoppen Sie, bevor Sie zu nahe an die Unterseite kommen. Dann wird das Holz umgedreht, und Sie arbeiten von hinten nach vorne, um das Absplittern von Holz zu vermeiden.

5 Markieren Sie die Tiefe der einfachen, konkaven Kantenprofile, die die Seiten der Öffnungen umgeben.

6 Mit schälenden Schnitten quer zur Faserrichtung werden die Kantenprofile grob herausgearbeitet. Arbeiten Sie von den Spitzen her kommend in die Bogen. Lassen Sie etwa 2 mm für die Feinarbeit stehen.

7 Arbeiten Sie die Rundungen heraus und stellen Sie die Kantenprofile fertig. Schnitzen Sie mit der Faserrichtung und benutzen Sie ein Hohleisen mit geeigneter Krümmung. Seien Sie besonders vorsichtig in den Spitzen. Schnitzen Sie vom Winkel weg.

8 Markieren Sie auf der Rückseite die Tiefe, bis zu der Sie hinterschneiden.

9 Wenn die Rückseite nicht gesehen werden soll, genügt es, das Holz nur grob bis zur angezeichneten Kante zurückzuschneiden. In anderen Fällen, so wie hier, wird die Rückseite genauso geschnitzt wie die Vorderseite. Feinere Schnitzarbeiten auf der Vorderseite müssen zum Schutz auf eine gefaltete Decke gelegt werden.

10 Diese Nahaufnahme mit schräger Ansicht des Werkstücks zeigt, wie das Hinterschneiden dem Schnitzwerk Tiefe und Charakter gibt.

11 Die fertige Eichenholztafel wurde geräuchert (Technik 22), geölt und gewachst.

VERZIERUNGEN

Unter Verzierungen können Intarsien verstanden werden, Muster von eingelegten Furnieren auf schlichtem Holz. Dieses Verfahren war im späten 17. und frühen 18. Jahrhundert beliebt bei der Möbeldekoration. Verzierungen können auch separat geschnitzt und aufgeleimt werden, statt sie vollkommen aus massivem Holz zu schnitzen – eine Methode, die im 18. Jahrhundert von Grinling Gibbsons benutzt wurde. Am häufigsten sind damit jedenfalls dünne, fein geschnitzte Dekorationen gemeint, die auf Holz aufgesetzt werden. Heute wird die Technik bei der Restauration und in Collagen eingesetzt.

Collage
In ihrer einfachsten Form besteht die Verzierung z. B. aus einer Silhouette, die ausgeschnitten und auf einen schlichten Hintergrund geklebt wird.

Geschnitzte Verzierungen
Diese Dekoration für einen von Pferden gezogenen Wohnwagen ist ein interessanteres Beispiel, weil ein flaches Relief geschnitzt wurde.

SCHALEN

Schalen können aus frischem oder abgelagertem Holz geschnitzt werden, aber es ist oft schwierig, ein größeres Stück abgelagertes Holz ohne Risse zu finden. Es ist möglich, mehrere Stücke zu verleimen, aber dies gelingt nicht immer zur Zufriedenheit. Eine bewährte Alternative ist, damit zu beginnen, eine Schale in frischem Holz zu schnitzen und sie dann an einem schattigen, aber luftigen Ort vor der Fertigstellung sechs Monate lang trocknen zu lassen. Die Beseitigung von Spannungen verhindert wahrscheinlich die Rissbildung im Holz, aber dies kann nicht garantiert werden. Wenn man eine Wachsschicht aufträgt, besonders am Hirnholz, trocknet das Holz langsamer.

Außenseite

Beginnen Sie mit der Außenseite (für den Fall, dass Sie Nägel, Stacheldraht usw. im Holz finden), die Sie aber noch nicht fertigstellen. Wenn ein Holzblock geschnitten wird, folgt der Sägeschnitt der Maserung. Dies kann einen interessanten Rand für eine organische Form liefern, bereitet aber Probleme, weil der Block beim Schnitzen schwieriger zu halten ist.

Einige Schnitzer arbeiten ausschließlich mit traditionellen Handwerkzeugen. Dies ist in der Regel langsam. Viele benutzen Elektrogeräte wie Kettensägen oder Winkelschleifer mit Sägeblättern für Holz, um den Vorgang der groben Bearbeitung zu beschleunigen. Danach beenden Sie die Arbeit aber mit traditionellen Schnitzwerkzeugen.

1 Schneiden Sie zuerst die Ecken ab, um der gewünschten Form näher zu kommen. Benutzen Sie eine Kettensäge, Bandsäge oder Handsäge.

2 Schnitzen Sie mit Ihrem größten Hohleisen um den Boden herum. Die Schnitte enden kurz oberhalb des Rands. Behalten Sie beim Arbeiten immer die angestrebte Form im Auge. Es ist besser, immer nur kleine Stücke Holz wegzunehmen, als zu versuchen, viel Holz auf einmal zu entfernen. Schnitzen Sie nun den Bereich des oberen Randes, dann arbeiten Sie sich von dort schrittweise zurück zur Mitte.

3 Drehen Sie die Schale nach oben und formen Sie den Rand. Arbeiten Sie von der Mitte aus im Kreis herum. Würde man dies bei umgekehrter Schale versuchen, könnten Holzspäne absplittern.

4 Drehen Sie die Schale wieder um. Die Außenseite wird solange geformt, bis Sie das Gefühl haben, dass sie ausreichend gestaltet ist, um mit der Innenseite zu beginnen. Das kann ein beliebiges Stadium zwischen grober Formgebung und Fertigstellung sein.

Innenseite

Elektrogeräte beschleunigen den Schnitzprozess beträchtlich. Sie sind besonders in den frühen Stadien nützlich. Es ist aber auch hilfreich zu wissen, wie man ausschließlich mit traditionellen Werkzeugen arbeitet. Hier wird gezeigt, wie man die Innenseite einer Schale mit dieser Methode schnitzt. Ob Sie die äußere oder die innere Form zuerst schnitzen – der Vorgang ist der Gleiche.

1 Wenn man die Herstellung einer Schale auf der Innenseite beginnt, zeichnet man die Form auf das Holz. Dann werden die Ecken abgesägt, um die ungefähre Form anzulegen.

2 Fangen Sie in der Nähe der Mitte mit Ihrem größten Hohleisen an. Machen Sie schräge Schnitte aus allen Richtungen zur Mitte. Die Ansatzpunkte der Schnitte wandern nach außen. Der Schnittwinkel ist am Anfang steil, dann wird der Griff in einem Bogen nach unten bewegt, bis das Eisen auf Schnitte aus anderen Richtungen trifft.

3 Indem Sie weiter in die Tiefe arbeiten, kommen Sie dem späteren Rand immer näher. Verfolgen Sie dabei die Form, die für das Innere der Schale geplant ist. Die gleiche Technik wird angewendet, wenn man die Außenseite zuerst schnitzt.

4 Vor dem Fertigstellen der Innenseite wird die Linie für den Rand angelegt, so dass man beginnt, die Beziehung zwischen der inneren und äußeren Form zu sehen und zu spüren. Setzen Sie das Schnitzen der Innenseite zügig fort.

5 Wenn der Abstand zwischen innerer und äußerer Oberfläche kleiner wird, tragen Sie dünnere Späne ab. Einige Schnitzer stellen Schablonen (Technik 4) her, um die Formen zu prüfen; andere arbeiten nach Augenmaß und messen die Dicke mit Finger und Daumen oder mit beiden Händen.

6 Wenn man tiefe Schalen schnitzt, benutzt man gebogene oder gekröpfte Hohleisen an den Stellen, an denen gerade Hohleisen zu tief in das Holz stechen würden. Ein Scorp (Technik 20) kann beim Arbeiten unterhalb eines leicht überhängenden Rands nützlich sein.

TIEFE AUSHÖHLUNGEN

Um die Griffe an einer Schale oder einem Hackbrett zu schnitzen oder um eine Schnitzarbeit zu verzieren, muss man manchmal eine kurze, tiefe Aushöhlung herstellen. Diese Rinne kann mit der Faser, quer zur Faserrichtung oder im Hirnholz verlaufen.

1 Markieren Sie einen Block mit drei identisch geformten Rinnen, die in verschiedene Richtungen laufen.

2 Die unkompliziertestе Aufgabe ist die Aushöhlung, die mit der Faserrichtung geschnitzt wird. Setzen Sie Ihr Hohleisen fast senkrecht an. Wenn Sie einen Klüpfel verwenden, schwenken Sie den Griff schnell nach unten, so dass der Beitel am Ende der Bewegung waagerecht schneidet. Arbeiten Sie abwechselnd von jedem Ende aus und vertiefen Sie die Aushöhlung schrittweise.

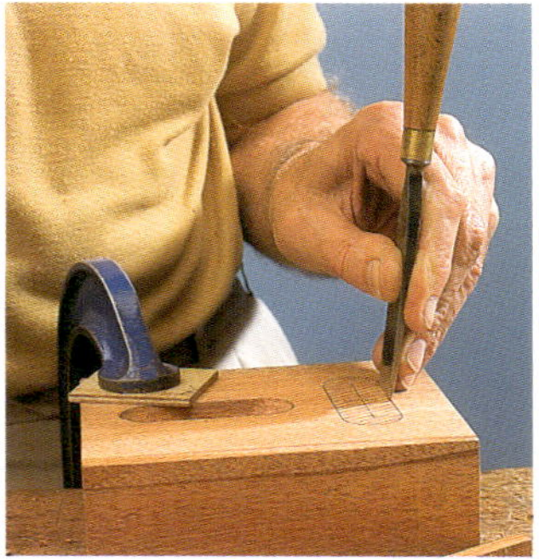

3 Wenn Sie das Abfallholz der ersten Durchgänge entfernt haben, können Sie daran arbeiten, die Form zu verfeinern.

4 Stellen Sie die runden Enden mit einem gekröpften Hohleisen her, das den Bogen schneller schneidet als ein gerades Hohleisen.

5 Verwenden Sie ein Tiefenmaß, um zu prüfen, ob die Aushöhlung in ihrer ganzen Länge gleichmäßig tief ist.

6 Bei der Rinne, die quer zur Faserrichtung liegt, stechen Sie am Anfang an den Seiten mit einem geraden Balleisen ein. Nach dem ersten kräftigen Stich bleibt die Schneide teilweise in der Einstichlinie, damit eine Fortsetzung beim folgenden Schnitt erfolgt.

7 Folgen Sie den Rundungen der Enden und stechen Sie mit einem Hohleisen ein. Wie zuvor beim Balleisen bleibt die Schneide des Hohleisens im Einstich, um den Bogen gleichmäßig fortzusetzen.

8 Entfernen Sie Holz aus dem Mittelteil der Rinne. Dazu arbeiten Sie von beiden Enden aus mit einem passenden Hohleisen.

9 Wenn Sie sich der endgültigen Tiefe nähern, müssen die beiden Seiten bis an die Linie heran bearbeitet werden. Die nach unten laufenden inneren Krümmungen werden herausgestochen (siehe Technik 7).

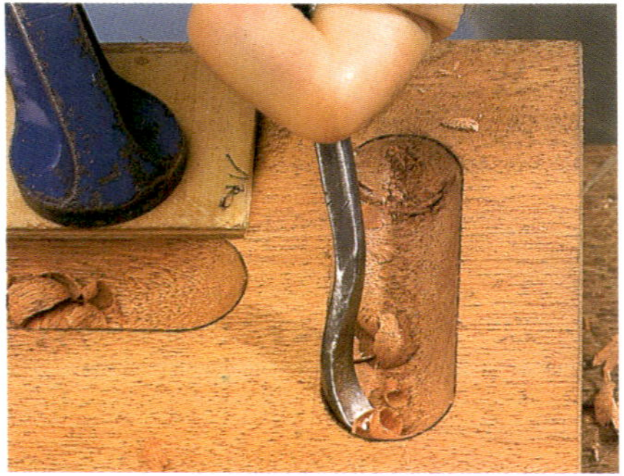

10 Benutzen Sie ein gekröpftes Hohleisen, um die Enden abzuschließen. Arbeiten Sie im Bogen von den Seiten zur Mittellinie.

11 Bei einer Aushöhlung im Hirnholz wird zuerst etwas Holz aus der Mitte entfernt. Dann arbeiten Sie von der Mitte aus in jede Längsrichtung und erreichen die Enden mit einer Aufwärtsbewegung. Benutzen Sie hier ein gebogenes oder ein gekröpftes Hohleisen.

12 Ein gekröpftes Hohleisen ist in den späteren Stadien des Schnitzens dieser Rinne in der Nähe der Enden wichtig. Das Werkzeug muss eine mehr bogenförmige Bewegung nach oben aus dem Holz heraus machen und darf nicht nach unten in das Holz schneiden. Manche schneiden die ganze Rinne mit gekröpften Hohleisen und schaufelnden Schnitten von der Mitte nach außen. Sie benutzen ein gerades Hohleisen nur, um die Seiten fertigzustellen.

ABSPLITTERUNGEN VERMEIDEN

Wenn man in konkave Formen schnitzt, besteht das Risiko, dass Holz unbeabsichtigt am hinteren Ende absplittert. Dem kann man vorbeugen, indem man eine Anzahl von Sägeschnitten, über die Länge verteilt, senkrecht zur Oberfläche macht. Sie enden etwas oberhalb der konkaven Linie. Je mehr Linien man sägt, umso näher kommt man der Krümmung beim groben Bearbeiten (Technik 7).

1 Wenn man einen Löffel anfertigt, sind Hilfslinien für die Schnitte nicht wichtig, aber in anderen Fällen können sie hilfreich sein. Machen Sie viele Sägeschnitte, fast bis zur Linie und über die Höhlung des Löffels verteilt.

2 Sie können an einem beliebigen Ende anfangen. In diesem Beispiel schreitet der Schnitzvorgang vom Ende zum Griff voran. Schnitzen Sie bis zum tiefsten Schnitt hinunter. Wenn die Sägeschnitte so zahlreich wie in diesem Fall sind, gibt es praktisch keinen Widerstand für das Hohleisen. So dauert die grobe Bearbeitung der Höhlung nur wenige Minuten.

3 Dann nehmen Sie das Werkzeug in die andere Hand und schnitzen linkshändig in die entgegengesetzte Richtung, oder Sie drehen das Werkstück herum und setzen das Schnitzen rechtshändig fort, wieder von außen zur tiefsten Stelle hin. Wenn die Höhlung grob bearbeitet ist, können Sie den nächsten Schritt in Angriff nehmen, z. B. die Unterseite des Griffs.

BOHRER

Eine Bohrmaschine ist wichtig. Man benötigt sie, um das Anfangsloch für eine Bügelsäge oder eine Laubsäge zu bohren oder um große Mengen Abfallholz vor dem Einsatz von Beiteln und Hohleisen zu entfernen. Es gibt viele hervorragende Maschinen im Handel, aber leider auch ein paar minderwertige. Wenn Sie sich nicht sicher sind, was Sie benötigen, sollten Sie einen erfahrenen Heimwerker fragen, der Ihre Erfordernisse versteht. Lassen Sie sich nicht dazu verleiten, eine Maschine zu kaufen, die entweder untauglich oder zu kompliziert für Ihre Bedürfnisse ist.

1 Unter Umständen benötigen Sie nur einen Handbohrer, aber dann lohnt es sich, einen guten zu kaufen. Ein minderwertiger Bohrer kann zu großen Frustrationen führen.

2 Hier wird ein Handbohrer eingesetzt, um das Anfangsloch für eine Bügelsäge zu bohren.

1 Bohrwinde
Moderne Bohrwinden können verschiedene Arten von Bohrern aufnehmen. Sie sind besonders nützlich für Löcher an Stellen, an denen eine elektrische Bohrmaschine zu kräftig oder zu unhandlich wäre.

2 Eine Bohrwinde wird mit einem Zentrumsbohrer benutzt, um Löcher zu bohren, die groß genug sind für eine Stichsäge, mit der Abfallholz schnell entfernt werden kann.

Elektrische Bohrmaschine
Anfangslöcher für eine Bügelsäge können auch mit einer handgeführten elektrischen Bohrmaschine gebohrt werden.

Bohrständer
Es ist oft wichtig, sehr genau zu bohren, und dies ist praktisch unmöglich mit einer handgeführten Bohrmaschine. Die meisten namhaften Hersteller von elektrischen Bohrmaschinen produzieren auch stabile Ständer.

ANFERTIGEN EINES SCHLITZES

Die Technik zum Herstellen eines Schlitzes – z. B. für eine Spardose – ist auch nützlich, wenn ein Griff in eine hölzerne Schale geschnitzt werden soll.

1 Zeichnen Sie die Mittellinie sowie die Länge und Breite des Schlitzes auf. Markieren Sie die Mittelpunkte für die Bohrungen an jedem Ende. Legen Sie das Holz auf den Bohrständer und bohren Sie die Löcher an jedem Ende. Bohren Sie auf der Mittellinie in gleichmäßigen Abständen so viele Löcher wie möglich, ohne dass die Löcher ineinander übergehen.

2 Von der Mittellinie aus arbeiten Sie zurück zu den Seiten, indem Sie Abfallholz mit einem Balleisen entfernen. Schneiden Sie nur bis zur halben Tiefe. Dann drehen Sie das Holz um, um von der anderen Seite zu arbeiten. Wenn Sie das ganze Abfallholz von einer Seite her entfernen, werden wahrscheinlich Stücke auf der anderen Seite absplittern.

3 Der teilweise fertiggestellte Schlitz nach dem Säubern des Holzes auf einer Seite und vor dem Umdrehen und dem Beenden der Arbeit auf der anderen Seite.

ANFERTIGEN EINES FALZES

Ein Falz ist eine rechteckige Vertiefung, die in die Kante eines Holzstücks geschnitten ist. Der Falz kann vollständig mit Beiteln oder mit Hobeln hergestellt werden. Wenn man einen rechteckigen Rahmen herstellt, ist es oft vorteilhaft, die Falze vor den Eckverbindungen herzustellen.

Markieren Sie die Breite, Tiefe und Länge des Falzes auf dem Holz. Schraffieren Sie die Holzteile, die entfernt werden sollen. Es gibt hauptsächlich zwei Möglichkeiten, diese Aufgabe mit Beiteln zu lösen. Bei der ersten Methode wird die Kante über die Länge des Falzes zwischen den beiden Linien abgeschrägt. Der größte Teil des restlichen Abfallholzes wird mit einem Hohleisen Nr. 8 oder 9 entfernt. Der Rest wird mit einem Balleisen beseitigt.

1 **Zweite Methode** Schlagen Sie das Balleisen mit Ihrem Klüpfel über die ganze Länge des Falzes mehrfach ein. Halten Sie die Ecke des Balleisens auf der Innenseite der Linie.

2 Dann ist es relativ einfach, die Masse des Abfallholzes mit dem Balleisen zu entfernen.

3 Schließlich wird nachgearbeitet. Beide Flächen werden mit einem Balleisen sauber geschnitten.

4 Falzhobel können anstelle von Beiteln benutzt werden. Manche Modelle sind sehr kompakt und haben eine Stirnseite, die entfernt werden kann. So können Sie direkt bis zu einem Stopp arbeiten. Der Falz wird mit einem Falzhobel in mehreren Schritten geschnitten. Schneiden Sie etwa die Hälfte der Breite auf etwa zwei Drittel der Tiefe des Falzes weg, dann von der anderen Seite den Rest der Breite und den Rest der Tiefe.

5 Wenn man einen Nuthobel benutzt, kann man den Falz mit zwei Schnitten herstellen. Schneiden Sie wie hier die volle Tiefe weg. Dann wird das Holz mit der Seite nach oben in einen Schraubstock eingespannt. Der zweite Schnitt erfolgt im rechten Winkel zum ersten. Eventuell müssen Sie noch mit einem Beitel nacharbeiten.

ÜBERBLATTUNG

Eine Überblattung der Ecken ist eine stabile Verbindung für Rahmen. Wenn es erforderlich ist, das Hirnholz zu verdecken, schneidet man es bis zur halben Tiefe auf Gehrung. Die Verwendung von Holz mit gerade laufender Maserung und ohne Aststellen eignet sich am besten. Hobeln Sie die besten Flächen des Holzes flach und rechtwinklig. Die gemeinsame gute Kante wird mit einem deutlichen Haken markiert. Alle Abmessungen gehen von dieser Kante aus. Schneiden Sie jede Seite etwa 5 mm länger als erforderlich. Markieren Sie die Mittellinie darüber mit einem Anschlagwinkel und einem Bleistift. Dann wird jede Seite der Mittellinie abgemessen, um die Länge der Innenseite zu markieren. Bearbeiten Sie alle vier Ecken auf gleiche Weise und nummerieren Sie diese mit 1 bis 4.

1 Stellen Sie Ihr Streichmaß auf halbe Holzdicke ein. Dann wird die halbe Dicke der Überblattung auf allen acht Enden markiert. Dabei geht man immer von der besten Oberfläche aus.

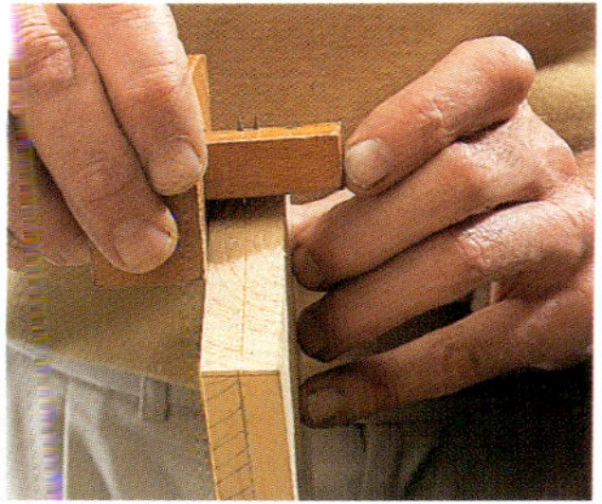

2 Markieren Sie beide Seiten und die Stirnseite. Schraffieren Sie die Teile, die entfernt werden sollen, um Irrtümer zu vermeiden.

3 Halten Sie ein scharfes Messer auf die Markierung der Innenseitenlänge. Schieben Sie den Anschlagwinkel an das Messer. Halten Sie den Winkel fest und ziehen Sie das Messer über das Holz, um die Linie anzureißen.

4 Man sticht die Linie V-förmig aus, damit die Säge besser angesetzt werden kann. Nehmen Sie ein Balleisen und machen Sie kurze, schräge Schnitte nach unten zu der Linie, die Sie mit dem Messer angerissen haben.

5 Sägen Sie mit einer Rückensäge quer über das Holz bis zur Tiefe der Verbindung.

6 Spannen Sie das Holz hochkant im 45 Grad-Winkel in den Schraubstock. Auf der Abfallseite durchsägen bis zum vorher gemachten Sägeschnitt. Dann das Ganze drehen und von der anderen Ecke einsägen. Jetzt senkrecht einspannen und das verbliebene Dreieck wegsägen.

7 Arbeiten Sie jede Ausklinkung sauber nach. Das Holz wird sicher eingespannt. Benutzen Sie ein großes, flaches Balleisen, um den Rest des Abfallholzes bis zu den Linien wegzuschneiden. Schneiden Sie dabei von den Kanten zur Mitte hin. Abschließend wird gehobelt, um die Ecken zu putzen (säubern).

8 Setzen Sie die Rahmenbretter probeweise zusammen, um zu prüfen, ob sie passen. Arbeiten Sie etwas nach, falls erforderlich.

9 Alle Teile des Rahmens werden zusammengefügt und geprüft. Wenn die Falze schon geschnitten wurden, kann der Rahmen jetzt verleimt und eingespannt werden. Ansonsten schneiden Sie erst die Falze. Danach testen und verleimen Sie den Rahmen. Achten Sie darauf, dass alle Verbindungen rechtwinklig sind. Bei großen Rahmen sollte man auf der Rückseite zusätzlich Schrauben eindrehen.

NUT MIT RECHTWINKLIGEM QUERSCHNITT

Eine Nut mit rechtwinkligem Querschnitt kann nützlich sein, um eine geschnitzte Tafel zu halten. Vor dem Schnitzen habe ich einen Kasten angefertigt, für den solche Nuten erforderlich waren. In der hier dargestellten Technik wird eine Nut quer zur Faser und über die ganze Holzbreite geschnitten. Die andere Nut, die mit der Faserrichtung läuft, endet kurz vor dem Erreichen der ersten. Beide sind 15 mm breit und 5 mm tief.

1 Mit einem Streichmaß markiert man die Breite der Nut quer über das Brett.

2 Die Tiefe der Nut markieren Sie auf die gleiche Weise an beiden Enden auf der Seite des Holzes.

3 Arbeiten Sie mit einem Balleisen an der Nut entlang, um ein flaches V an den angerissenen Linien herauszustechen. Es dient als Führung für die Rückensäge.

4 Sägen Sie über die ganze Breite des Holzstücks bis zur Tiefe der Nut.

5 Mit einem Balleisen stechen Sie von der Mitte nach unten zu den Seiten das Holz weg.

6 Entfernen Sie den Rest des Abfallholzes der Länge nach aus der Nut. Dabei wird das Balleisen so eingesetzt, dass sich die Fase oben befindet.

7 Prüfen Sie die Tiefe mit einem Tiefenmaßstab. Dazu können Sie sich eine provisorische Lehre konstruieren, indem Sie einen Nagel in ein Stück Abfallholz schlagen. Schneiden Sie den Kopf ab und lassen Sie den Nagel 5 mm herausragen. So kratzt die Spitze an den zu hohen Stellen über die Oberfläche. Schneiden Sie alle hohen Stellen so lange weg, bis die Nut gleichmäßig tief ist.

8 Die zweite Nut, die in Faserrichtung verläuft, ist kürzer und geht nicht über die ganze Länge. Markieren Sie mit dem Bleistift das Ende der Nut. Mit einem Streichmaß wird die Breite der Nut und ihre Tiefe an der Seite ihrer Öffnung markiert. Beim Markieren parallel zur Faser halten Sie das Streichmaß mit der Spitze in einem flachen Winkel und pressen Sie den Anschlag fest gegen die Seite des Holzes. Machen Sie mehrere Durchgänge, so dass die Spitze immer tiefer anreißt.

9 Am Ende der Nut stechen Sie in steilem Winkel ein. Aus der anderen Richtung stechen Sie dagegen, um einen Span zu entfernen. Es ist hilfreich, jedoch nicht entscheidend, die Anrisslinien wieder V-förmig auszustechen. Gehen Sie aber vorsichtig zu Werke, damit nicht zu viel Holz absplittert, denn der Faserverlauf ist schwer einzuschätzen.

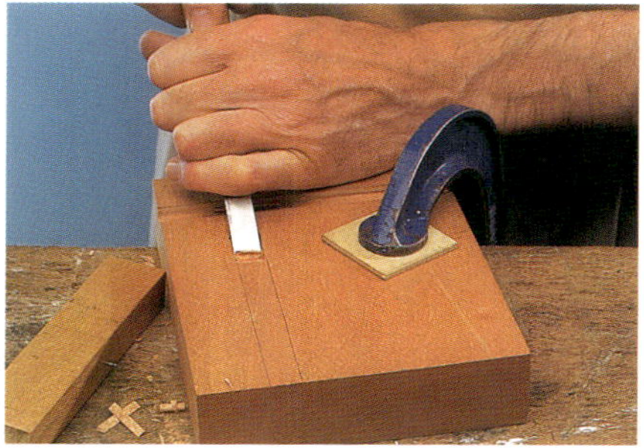

10 Stechen Sie etwa 25 mm am Ende der Nut mit Klüpfel und Balleisen aus, damit Sie Spielraum für die Rückensäge bekommen. Arbeiten Sie in beide Richtungen, säubern Sie die Seiten und das Ende der Nut und ebnen Sie den Boden.

11 Nachdem der hintere Teil der Nut fertig ist, setzen Sie die Rückensäge ein, um auf beiden Seiten bis zur vollen Tiefe zu sägen.

12 Entfernen Sie den Rest des Abfallholzes auf gleiche Weise wie zuvor. Wenn Sie quer zur Faser arbeiten müssen, tragen Sie bei jedem Einstich nur wenig Holz ab. Zum Ende hin schneiden Sie immer kleinere Späne, und benutzten Sie das Balleisen mit der flachen Seite nach unten, um den Boden abschließend eben zu schneiden. Ein alternatives Werkzeug für den größten Teil dieser Arbeiten wäre eine Oberfräse.

VERSTÄRKUNG EINER ZERBRECHLICHEN FORM

Viele feine Schnitzereien wie Spiegelrahmen und Ähnliches müssen verstärkt werden, wenn sie besonders zerbrechlich sind. Das ist vor allem der Fall an Stellen mit kurzen Fasern. Manchmal wird Kupferdraht in Nuten auf der Rückseite eingefügt, oder lange Holzstücke werden, sobald der Entwurf ausgeschnitten wurde, aufgeleimt, um Stabilität zu geben. Die hier gezeigte Methode eignet sich für dreidimensionale Objekte, die von allen Seiten betrachtet werden.

1 Dieses kleine Kreuz aus Lindenholz ist nicht besonders zerbrechlich, aber es ist ein gutes Beispiel, um zu zeigen, worum es geht. Die Fasern laufen von oben nach unten. Dadurch ist der vertikale Balken stabil, der horizontale Balken ist gefährdet. Er muss daher verstärkt werden.

2 Brechen Sie eine Seite des Querbalkens ab. Wo er am Längsbalken sitzt, hat er einen quadratischen Querschnitt von nur 8 mm Seitenlänge, so dass es leicht ist, ihn abzubrechen.

3 Spannen Sie das Kreuz vorsichtig ein, um durch die Mitte der Bruchstelle und den Längsbalken bis in die andere Seite zu bohren, aber bohren Sie nicht ganz durch. Stellen Sie den Tiefenanschlag am Bohrständer entsprechend ein oder wickeln Sie etwas Klebeband um den Bohrer, um den Stopp zu markieren. Hier wurde ein Bohrer mit 4 mm Durchmesser verwendet.

4 Markieren Sie die Bohrung auf dem abgebrochenen Teil. Da die Oberfläche nicht eben ist, kann das problematisch sein. Zeichnen Sie durch die Mitte des gebohrten Lochs zwei Linien, die sich im rechten Winkel kreuzen. Verlängern Sie die Linien über die Bruchstelle hinaus und auf die Seiten, falls erforderlich.

5 Halten Sie das abgebrochene Stück an. Die verlängerten Linien, die auf den Seiten zu sehen sind, werden auf das Bruchstück übertragen.

6 Die Markierungen werden über die Bruchstelle miteinander verbunden. Der Schnittpunkt ist der Mittelpunkt des Bohrlochs.

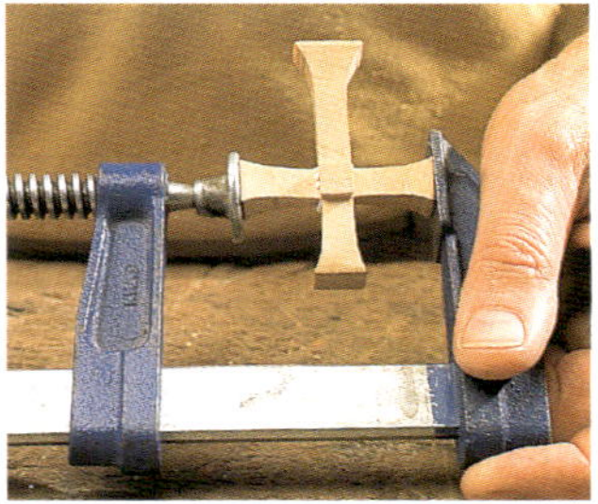

7 Spannen Sie das abgebrochene Teil so ein, dass es gebohrt werden kann. Stellen Sie den Bohrständer ein oder bringen Sie ein Klebeband am Bohrer an, um die maximale Bohrtiefe zu kennzeichnen. Dann wird langsam in den abgebrochenen Querbalken gebohrt. Zum Testen bohrt man in einem Abfallholz und durch ein Blechstück, das zum Dübelschaber wird.

8 Bambus ist das stärkste Holz, das sich für einen Dübel eignet. Nehmen Sie einen Stab passender Dicke und splittern Sie ein Stück ab. Es wird möglichst genau zum Durchmesser des Bohrlochs zugeschnitten. Es muss – mit wenig Spiel – leicht durch den Dübelschaber aus Stahlblech passen. Wenn er zu stramm sitzt, wird er mit dem Schaber noch ein wenig bearbeitet.

9 Sägen Sie mit einer Feinsäge der Länge nach eine kleine Rinne in den Dübel. Dadurch kann überschüssiger Leim entweichen. Schneiden Sie den Dübel auf die passende Länge zu und bauen Sie das Kreuz ohne Leim zusammen, um zu prüfen, ob alles richtig passt. Geben Sie etwas Leim in beide Löcher. Dann wird der Dübel eingeführt und der abgebrochene Balken befestigt.

10 Das Kreuz wird leicht in eine Schraubzwinge eingespannt. Entfernen Sie den überschüssigen Leim. Wenn Sie sich schon vorher dafür entscheiden, diese Technik anzuwenden, sollten Sie dies vor der Fertigstellung des Schnitzwerks tun.

FEHLER IM HOLZ

Fehler treten auf natürliche Weise im Holz auf, wenn es wächst. Sie können durch Wind, Regen, Schnee und Blitzschlag verursacht werden oder durch Krankheiten und Schädlinge. Die Schadstellen verheilen häufig und werden von neuem Holz bedeckt, so dass sie zu inneren Narben werden. Sie bleiben so lange unsichtbar, bis der unglückliche Schnitzer sie freilegt. Andere Mängel treten beim oder nach dem Fällen und beim Ablagern auf. Diese sind leichter zu erkennen. Einige Schadstellen kann man ignorieren, andere reparieren. Durch eine Veränderung des Entwurfs kann man unter Umständen die fehlerhaften Stellen beim Schnitzen entfernen. Oder man hat die Möglichkeit, den Schaden bei der Oberflächenbehandlung zu verdecken.

Holz nimmt ständig Feuchtigkeit auf und gibt sie wieder ab in Abhängigkeit von der Veränderung der Luftfeuchte in der Umgebung, auch wenn es abgelagert ist. Die hervorragenden spätgotischen Lindenholzschnitzer im Deutschland des 15. und 16. Jahrhunderts reduzierten diesen Effekt, indem sie die Rückseiten ihrer großen Schnitzwerke aushöhlten. Dadurch wurde ein Teil der Spannungen abgebaut, die beim Trocknen entstehen.

Hier wird gezeigt, wie zwei häufig auftretende Fehler im Holz repariert werden können.

Risse

Ein Riss oder eine Spalte kann innerhalb des Baums entstehen, wenn er wächst oder wenn er gefällt wird. Er erscheint normalerweise an der Oberfläche, wenn das Holz austrocknet, aber er kann auch erst zum Vorschein kommen, wenn Holz, das über Jahrhunderte Teil eines Gebäudes gewesen ist, entfernt und der Witterung ausgesetzt wird.

1 Nachdem Sie den Riss untersucht haben, kommen Sie zu dem Schluss, dass die beste Lösung darin besteht, den unteren Teil mit einem Span aus einem Holzrest zu füllen und den Rest unverändert zu lassen.

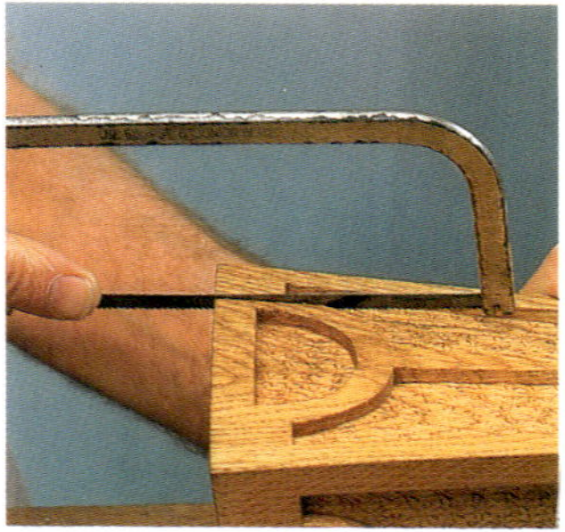

2 Sägen Sie in den Spalt hinein, um parallele Seiten herzustellen. Der Sägeschnitt endet an der Abstufung. Eine Bügelsäge ist ideal, weil es dafür Sägeblätter mit unterschiedlicher Dicke gibt. Notfalls können Sie mit einer Dreikantfeile arbeiten und eine keilförmige Einlage anstelle eines Einsatzstückes mit parallelen Seiten einfügen.

3 Suchen Sie ein passendes Holzstück und markieren Sie die Breite Ihres Einlagestücks. Wenn Sie eine keilförmige Einlage einsetzen, sollte die Oberseite des Keils breiter sein als der Spalt, der gefüllt werden soll.

4 Sägen Sie einen Holzstreifen mit parallelen Seiten ab. Er wird so zugeschnitten, dass er tiefer, länger und breiter als der Spalt ist, weil Sie ihn dann noch bearbeiten können. Bei einem keilförmige Einsatz sollten die Winkel zum Spalt passen.

5 Versuchen Sie, das Einsatzstück in den Spalt einzufügen. Schmirgeln Sie, bis es genau passt. Hier wurde der Sägeschnitt leicht angewinkelt. Deshalb muss die Unterseite des Einsatzstücks verjüngt werden, bis es fast parallel mit der Oberfläche hineingeschoben werden kann, aber noch über sie hinausragt. Das genaue Anpassen hängt vom Einzelfall ab.

6 Streichen Sie etwas Leim in den Spalt und klopfen Sie das Einsatzstück leicht hinein. Etwas Holz sollte noch überstehen.

7 Wenn der Leim abgebunden hat, wird das überstehende Holz weggeschnitten.

8 Stechen Sie mit einem scharfen Balleisen den Abfall am Boden ab. Machen Sie das Gleiche vorsichtig dort, wo das Einsatzstück in die geschnitzte Aussparung hineinragt.

9 Die reparierte Stelle wird nicht sichtbar sein, wenn sie passend zum umgebenden Holz getönt wird. Der dünne Spalt, der sich über die reparierte Stelle hinaus fortsetzt, wird kaum wahrgenommen, kann aber, falls erforderlich, mit einem Wachs gefüllt werden, wie es Kunsttischler und Restauratoren benutzen.

Äste

Äste können auch versteckt in Holz gefunden werden. Wenn die Holzoberfläche nicht durch einen Anstrich verdeckt werden soll, müssen Sie die schadhafte Stelle herausschneiden. Dazu stellen Sie eine Aussparung her, die tief genug für die nachfolgenden Schnitzarbeiten ist. Dann wird ein Ersatzstück vorsichtig eingefügt.

Stellen Sie die Größe des benötigten Ersatzstücks fest. Suchen Sie ein Reststück, das so gut wie möglich zum Holz passt. Markieren Sie den Bereich, der ausgeschnitten werden soll, und nutzen Sie die Elemente Ihres Entwurfs, die quer zur Faser verlaufen. Eine quer zur Maserung verlaufende Linie, die einem Muster folgt, ist weniger sichtbar als eine, die durch eine ebene Fläche geht. Linien, die mit der Faser laufen, werden für natürlich gehalten.

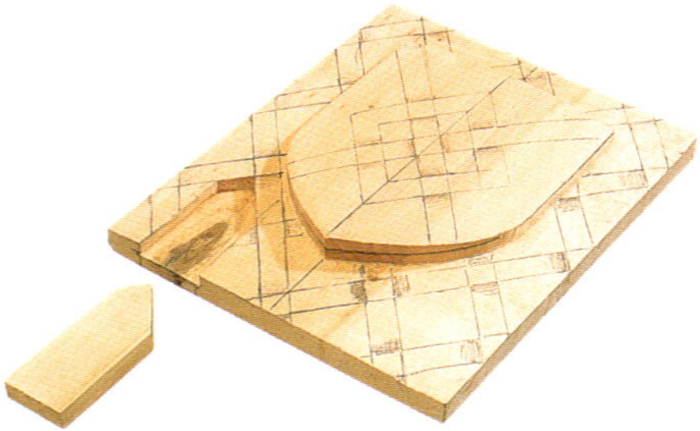

1 Markieren Sie den Umriss der Aussparung mit einem scharfen Messer oder einem Balleisen. Stechen Sie nahe an der Linie ein (Technik 7) und entfernen Sie den größten Teil des Abfallholzes mit einem Hohleisen. Manchmal werden Aststellen in der Tiefe breiter. Eventuell muss dann die Aussparung vergrößert werden. Stechen Sie die Seiten ab, die sich normalerweise etwas verjüngen. Der Boden wird mit einem Beitel glatt ausgehoben.

2 Schneiden Sie das Einsatzstück zu, aber in den Abmessungen etwas größer als die Aussparung. Tragen Sie vorsichtig die Seiten so lange ab, bis das Stück haargenau passt. Wenn es die Aussparung ausfüllt, muss man die Linien des Musters präziser markieren.

3 Schälen Sie dünne Späne von dem abgewinkelten Ende, bis das Stück exakt passt.

4 Streichen Sie Leim in die Aussparung und drücken Sie das Einsatzstück hinein. Spannen Sie es fest und lassen Sie den Leim aushärten.

5 Wenn der Leim getrocknet ist, wird der Einsatz mit einem Balleisen auf das Niveau der Umgebung gebracht. Das Muster wird neu gezeichnet. Nun kann die Schnitzarbeit beginnen.

SPEZIELLE WERKZEUGE

Es gibt eine Vielzahl von Werkzeugen, die hilfreich für den Schnitzer sind, obwohl sie nicht speziell für Schnitzarbeiten entwickelt wurden. Die nützlichsten dieser Werkzeuge werden in diesem Abschnitt behandelt.

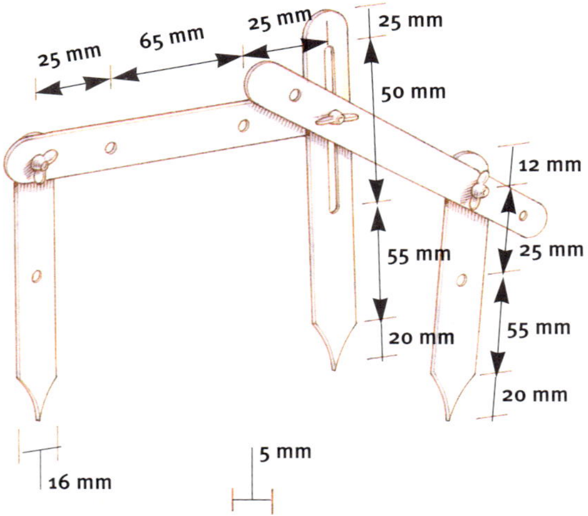

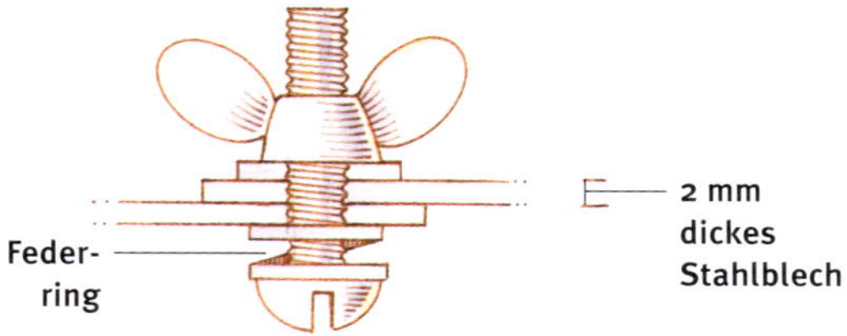

1 Ein dreiarmiger Taster kann Ihnen helfen, viel Zeit zu sparen und Probleme zu lösen, weil er Ihnen ermöglicht, zwei Punkte mit einem dritten in Beziehung zu setzen. Dies ist besonders nützlich, wenn man Symmetrie erreichen oder Abmessungen von einem Entwurfsmodell übertragen will. Die Abbildung zeigt, wie man eine Tasterlehre mit drei Armen konstruieren kann. Angegeben sind die Maße für ein ausreichend großes Gerät.

2 Der dreiarmige Taster im Einsatz. Geprüft werden die Tiefen der Aushöhlungen in den Blütenblättern der Wappenrose.

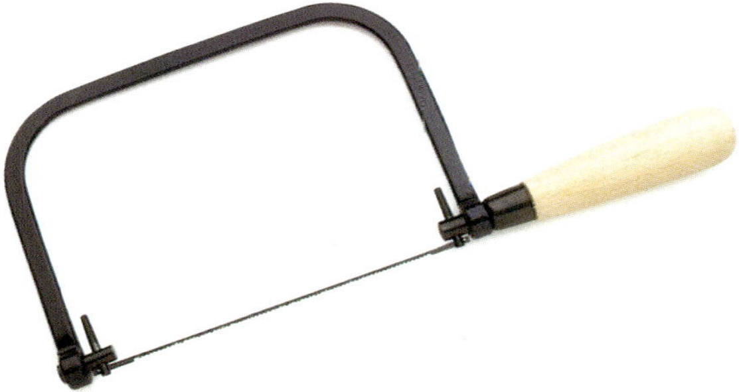

1 Bügelsäge
Eine Bügelsäge ist unverzichtbar, nicht nur für das Sägen der Umrisse komplexer Formen, sondern auch, um Abfall aus einem Schnitzwerk zu entfernen, das durchbrochen werden soll. Durch Drehen des Griffs einer Bügelsäge wird die Spannung des Sägeblatts erhöht. Wenn Sie den Griff in die andere Richtung drehen, lösen Sie die Blattspannung. Das Sägeblatt ist auswechselbar, und es kann gedreht werden, um den Schnittwinkel zu ändern. Die Zähne zeigen normalerweise zum Griff, weil man gewöhnlich mit einer Zugbewegung schneidet.

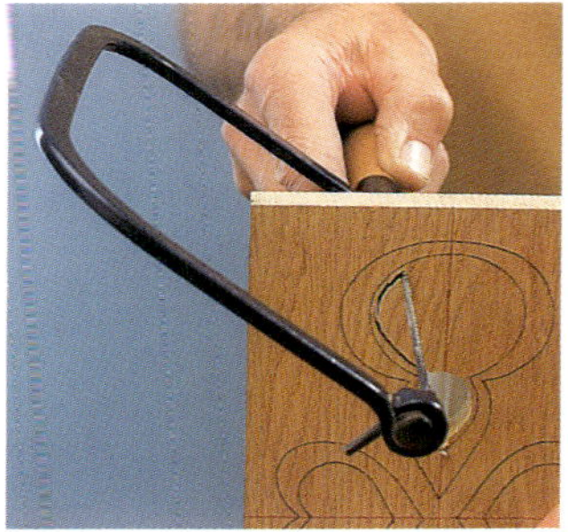

2 Lösen Sie das Sägeblatt und nehmen Sie es heraus. Es wird durch das bereits gebohrte Loch geschoben, das einen Durchmesser von etwa 6 mm hat. Das Holz wird in einen Schraubstock eingespannt. Setzen Sie das Sägeblatt wieder ein und spannen Sie es. Dann wird im Bogen auf der Innenseite der Linie gesägt.

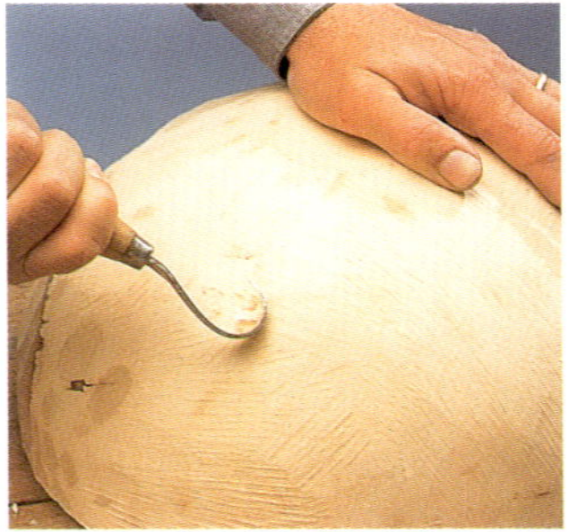

Das **Zugmesser** wird zum Körper gezogen, um schnell viel Abfallholz zu entfernen. Die Fase befindet sich auf der Unterseite, wenn man viel Holz wegschneiden möchte. Die Fase wird oben geführt, wenn man feinere Schnitte ausführt, besonders in Krümmungen. Dabei besteht die Gefahr, dass das Zugmesser zu tief in das Holz schneidet und stecken bleibt.

1 Den **Scorp** gibt es in zwei Formen: als offenen Haken und als geschlossenes Oval, z. B. von der Fa. Pfeil.

2 Er ist besonders nützlich für konkave Formen, zum Beispiel Schalen. Ziehen Sie ihn mit einer Hand, damit die andere Hand Ihr Werkstück halten kann.

3 Dies ist eine Schweizer Version des Scorp, bei der ein Flachstahl so gebogen ist, dass er die Klinge und den Schaft, der im Griff sitzt, bildet.

1

2

3

1 Ziehklingen Äste im Holz, das für Kunsttischler- oder Schreinerarbeiten vorgesehen ist, machen es unter Umständen unmöglich, zu hobeln. Eine Ziehklinge umgeht diese Schwierigkeit, indem sie feinste Späne abhebt. Ziehklingen sind auch nützlich bei der Endbearbeitung von dreidimensionalen Objekten wie Skulpturen und Schalen. Sie arbeiten nicht gut, wenn das Holz noch frisch ist. Es gibt drei Arten von Ziehklingen:

1 die kantige Form für ebene und konvexe Oberflächen;

2 die hohle Form mit halbrunden konvexen und konkaven Enden, nützlich für Schalen und zum Beispiel bei Stuhlbeinstreben, und

3 den Schwanenhals, geeignet für das Innere von Schalen und für andere konkave Formen.

2 Ziehklingen können vom Körper weg geschoben oder zum Körper hin gezogen werden, aber der Winkel sollte konstant bleiben – etwa 60 bis 80 Grad zur Oberfläche.

Glasschaber
Ein Stück einer zerbrochenen Fensterscheibe ist ein wirkungsvolles Werkzeug, um dünne Späne abzutragen. Beim Benutzen müssen Sie sehr vorsichtig sein, weil das Glas brechen und in Ihre Hand schneiden kann. Schaben Sie zuerst mit einem Stück, das eine grobe Bruchkante hat, dann mit einem glatten Bruchstück.

1 Raspeln und Bildhauerfeilen
Wenn sich die Maserung als problematisch erweist oder es Stellen auf dem Werkstück gibt, an die man mit keinem Hohleisen herankommt, kann man eine Raspel oder Feile benutzen. Die Raspel hinterlässt eine raue Oberfläche, die noch geschmirgelt werden muss.

2 Es ist möglich, eine Form nur mit Raspeln und Feilen herzustellen, aber Schneiden sind normalerweise effizienter.

3 Bildhauerfeilen haben normalerweise eine Raspel an jedem Ende. Es gibt eine Vielzahl von Formen und Größen. Deshalb sind sie so nützlich, wenn man feine Formen gestalten oder in knifflige Ecken gelangen möchte.

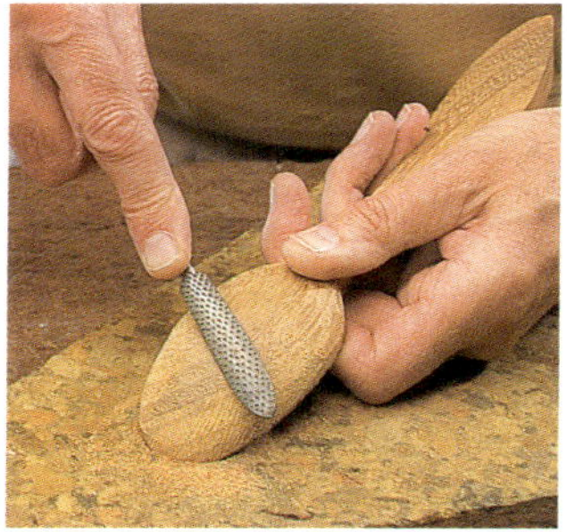

4 Wenn die Grundform erst einmal angelegt wurde, kann die Feile sehr wirkungsvoll sein, weil sie klein genug ist, um als eine Verlängerung Ihrer Hand zu arbeiten.

5 Es kann hilfreich sein, ein Raspelblatt ohne Halterung zu benutzen, obwohl die Handhabung unangenehm ist. Gehen Sie vorsichtig damit um, weil das Blatt ziemlich rau ist. Hier wird eine halbrunde Raspel für die Endbearbeitung einer Schale eingesetzt.

Profilschaber

Um Profile nach eigenem Entwurf zu schaben, fertigt man einen Holzgriff an und formt Stahlschneiden, die damit benutzt werden. Der Griff wird aus Hartholz hergestellt, zum Beispiel aus Buche. Seine Maße hängen von der Größe der Profile ab. Nehmen Sie am Anfang ein rechteckiges Stück, das 25 mm dick ist. Schneiden Sie einen rechteckigen Abschnitt heraus, so dass eine L-förmige Halterung entsteht, die gut in der Hand liegt. Sie muss groß genug sein, um die Schneide zu halten.

Bohren Sie mehrere Löcher, durch die Gewindeschrauben mit Halbrundköpfen gesteckt werden. Ziehen Sie die Muttern an und markieren Sie ihre Umrisse. Dann ziehen Sie die Schrauben heraus. Schneiden Sie Aussparungen für die Muttern. Sägen Sie den Griff entlang der Mittellinie des Oberteils in zwei Hälften. Dann werden die Schrauben und Muttern wieder eingesetzt.

1 Fertigen Sie eine Schablone (Technik 4) des Profils an und halten Sie diese zum Vergleich an die Stirnseite der zu bearbeitenden Leiste. Falls es noch nicht geschehen ist, hobeln Sie das Abfallholz oberhalb des Profils ab.

2 Ein altes Sägeblatt oder ein anderes Werkzeugteil aus hartem Stahl ist für eine Schneide gut geeignet. Schneiden Sie das Stück so, dass über und neben dem Profil genügend Metall steht, damit es fest im Griff sitzt. Der Stahl wird weiß angestrichen. Legen Sie die Schablone an und zeichnen Sie um sie herum.

3 Sichern Sie das Metallstück in einem Schraubstock und benutzen Sie eine Metallsäge, um so viel Abfall wie möglich zu entfernen.

4 Feilen Sie die Formen so, dass die Kante der Schneide einen rechten Winkel mit den Seiten bildet. Schließen Sie die Arbeit, falls erforderlich, mit Schleifsteinen (Technik 1) ab. Legen Sie die Schneide flach auf einen feinen Ölstein und entfernen Sie die Grate. Die Schneide wird in den Griff geschoben. Dann ziehen Sie die Schrauben fest.

5 Halten Sie die Schneide zum Prüfen an das Holz. Der kürzere Schenkel des Griffs wird als Anschlag gegen die Seite der Leiste gedrückt. Der längere Schenkel wird über den oberen flachen Rand der Leiste gleiten, wenn das Profil fertig ist. Bei den meisten Profilen kann man Zeit sparen, wenn man das Abfallholz teilweise mit einem Hohleisen entfernt, so dass nur noch eine kleine Menge mit dem Profilschaber entfernt werden muss.

6 Schieben Sie den Profilschaber auf der Oberfläche der Holzleiste hin und her. Dabei muss der Griff fest gegen die Seite gedrückt werden.

7 Schrittweise wird das Abfallholz entfernt, bis die Schneide genau in das Profil der Leiste passt. Wenn die Schneide geschärft werden muss, kann man sie in einem Schraubstock einspannen und entweder Schleifsteine oder eine feine Feile benutzen.

Schabhobel

Dieses Werkzeug wurde ursprünglich dafür benutzt, die Speichen von Rädern zu formen. Es bestand aus einer Klinge, die von Hartholzgriffen gehalten wurde. Die Öffnung wurde oft durch eine Metallplatte verstärkt. Spätere Modelle hatten Flügelmuttern aus Messing, so dass die Klingen besser eingestellt werden konnten. Metallgriffe ersetzten die Holzgriffe, und die Klingen wurden den kurzen Hobeleisen ähnlicher.

1 Ein hölzerner Schabhobel wird benutzt, um den Stiel eines Löffels zu formen. Halten Sie den Hobel mit beiden Händen. Schieben Sie ihn nach vorne mit der Faserrichtung und halten Sie ihn quer zu den Seiten des Holzes. Manchmal kann man besser schneiden, wenn man eine Hand leicht versetzt vor der anderen führt.

2 Mit einem Schabhobel aus Metall gestalten Sie die Umrissform eines Löffelgriffs. Dabei arbeiten Sie zur Löffelhöhlung hin.

3 Hier wird der Hobel in entgegengesetzter Richtung bewegt. Man muss die Richtung ändern, wenn man anfängt, gegen die Faser zu arbeiten.

4 Mit dem Schabhobel können Sie einen abgerundeten Querschnitt herstellen. Er schneidet dabei eine Reihe von kleinen Fasen.

5 Schritt 4 zeigt, wie das Werkzeug von der Löffelhöhlung hinunter in den Stiel schneidet. Hier wird es benutzt, um von der breitesten Stelle des Griffs zurückzuschneiden.

PUNKTIEREISEN

Ein einfaches Punktiereisen wird eingesetzt, um saubere kleine Muster herzustellen, die man mit Beiteln nicht ausstechen kann, wie zum Beispiel das „Auge" eines Akanthus-Blatts. Für diese Aufgabe kann ein Punktiereisen aus dem Ende eines abgesägten Nagels oder einem entsprechenden Abfallteil hergestellt werden. Es wird mit einer Feile geformt. Andere Punktiereisen werden benutzt, um schlichte Bereiche eines Schnitzwerks mit Mustern oder Texturen zu versehen. Es ist nicht schwierig, eigene Muster zu entwerfen und herzustellen.

1 Um ein Punktiereisen anzufertigen, wird eine Stahlstange mit quadratischem oder rundem Querschnitt und einem Durchmesser von etwa 10 mm in einen Schraubstock eingespannt.

2 Formen Sie das Ende der Stange mit einer Feile. Hier wird ein kleiner Kreis gefeilt.

3 Benutzen Sie eine Dreikantfeile, um drei gleiche Einschnitte herauszuarbeiten.

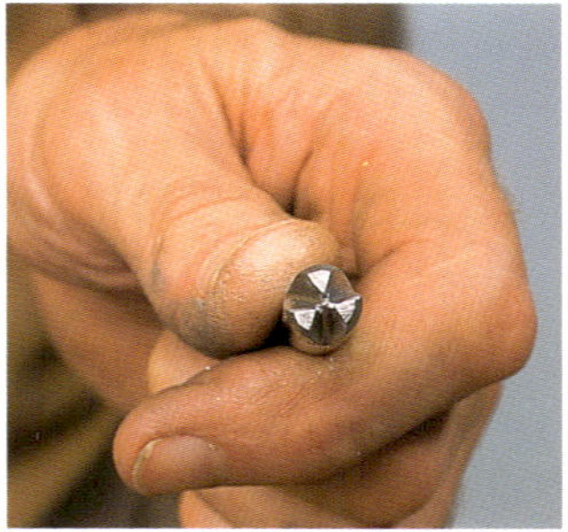

4 Ein rundes Punktiereisen mit drei Dreiecken. Eine Vielfalt von Mustern kann hergestellt werden, besonders wenn man einen Satz von Nadelfeilen benutzt.

5 Probieren Sie verschiedene Punktiereisen auf Abfallholz aus. Normalerweise wird nur ein Punktiereisen eingesetzt, um einem Hintergrund Textur zu geben oder eine Schnitzerei zu dekorieren. Hier werden zwei selbst gemachte und zwei fertig gekaufte Punktiereisen in verschiedenen Kombinationen ausprobiert.

SCHMIRGELN

Die gewerblichen Schnitzer der Vergangenheit arbeiteten mit sehr scharfen Werkzeugen. Sie schmirgelten selten – entweder aus Zeitmangel oder weil ihre Schnitzwerke zu überladen waren. Einige Restauratoren der Tafeln von Grinling Gibbons aus dem frühen 18. Jahrhundert glauben, dass gelegentlich Schleifmittel – möglicherweise Haifischhaut – benutzt wurden. Viele der heutigen Restauratoren und Schnitzer betrachten das Schleifen als einen wichtigen Teil der Endbearbeitung, zumindest bei einem Teil der Werke.

Schleifen Sie mit der Maserung, wo immer dies praktikabel ist. Benutzen Sie zuerst grobes Schleifpapier, dann feines. Falls Sie nach dem Schmirgeln schnitzen wollen, bedenken Sie, daß Ihre Werkzeuge schnell durch Schmirgelpartikel abstumpfen. Deshalb sollte man die Oberfläche zuerst abwaschen. Dies kann man mit Paraffin, klarem Spiritus oder Wasser machen. Durch Wasser werden allerdings die Holzfasern aufgerichtet.

1 Die am häufigsten zum Schmirgeln von Holz benutzten Schleifpapiere in einer kleinen Auswahl von Körnungen, mit dem gröbsten oben beginnend:

1 Granat, 50er Korn

2 Glas, 70er Korn oder F 2

3 v. Granat, 150er Korn

4 v. Glas, 150er Korn oder 1

5 v. Granat, 220er Korn

6 v. Fluor oder 00

7. Siliziumkarbid, 320er Korn

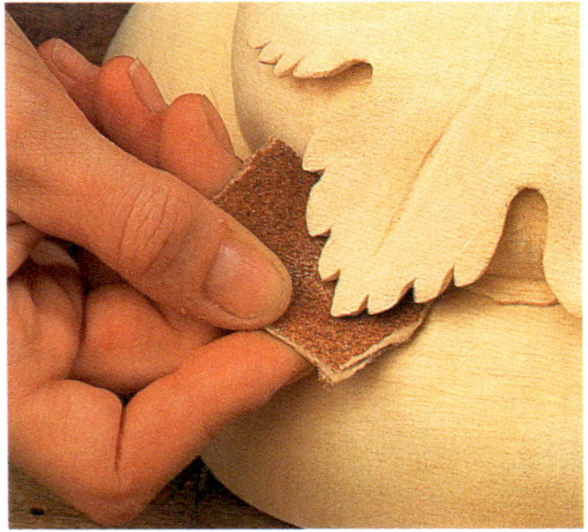

2 Um eine flache Oberfläche zu schleifen, wie zum Beispiel dieses Kerbschnitzmuster, wickelt man das Schleifpapier um einen Schleifklotz, z. B. aus Kork. Fangen Sie mit einer Körnung von 140 an und lassen Sie dann 220er Korn folgen.

3 Die letzten Schritte des Modellierens können mit einem groben Schmirgelpapier ausgeführt werden. Hier wird Granatpapier verwendet.

4 Wenn Stellen wie unterschnittene Teile schwer zu erreichen sind, kann man kleine Stücke Schmirgelpapier auf Holzstücke kleben und sie wie Feilen benutzen.

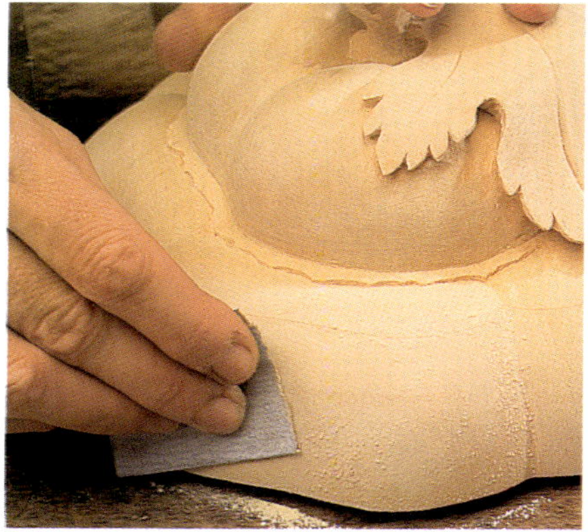

5 Wenn man beim Schleifen schrittweise immer feineres Papier benutzt, werden jedes Mal die Spuren der vorherigen, groberen Körnung beseitigt, bis man die gewünschte Qualität erreicht. Das feinste Schleifpapier hat eine Körnung von 400, aber es wird wahrscheinlich nicht beim Schnitzen eingesetzt. Schnitzer sind normalerweise mit einer Körnung von 220 zufrieden.

6 Eine elektrische Bohrmaschine, auf die ein Schleifzylinder montiert wird, ist sehr hilfreich bei großen Formen. Hier wird der Schleifzylinder benutzt, um die Außenseite einer großen Schale zu formen.

7 Der Schleifzylinder kann sowohl konkave als auch konvexe Formen bearbeiten.

OBERFLÄCHENBEHANDLUNG

Es gibt viele Möglichkeiten der Oberflächenbehandlung für Holz. Hier konzentrieren wir uns auf zwei: Räuchern und dunkle Beize.

Räuchern von Eichenholz

Ammoniakgas reagiert mit dem Tannin in einigen Hölzern und lässt sie dunkler werden. Dieser Vorgang wird Räuchern genannt. Das Holz wird dann mit Öl, Wachs, Schellack oder Lack versiegelt, um es gegen Ausbleichen zu schützen, wenn es der Luft ausgesetzt wird. Eichenholz ist wahrscheinlich das Holz, das sich am besten für das Räuchern eignet. Andere Holzarten können fleckig werden oder unverändert bleiben. Deshalb sollte man die Wirkung zuerst an einem Probestück testen. Verschiedene Eichenholzarten dunkeln in unterschiedlichem Tempo. Es ist deshalb ratsam, jede Art getrennt zu räuchern.

Das im Haushalt verwendete Ammoniak (Salmiakgeist) ist zu schwach für diesen Zweck. Man benötigt eine hochprozentige Lösung, erhältlich in einigen Drogerien oder im Fachhandel. Ammoniak ist gefährlich für Augen und Lungen und unangenehm zu handhaben. Am besten benutzt man es in einem Rauchabzug, wie er in Laboratorien üblich ist. Alternativ können Sie im Freien arbeiten und Gummihandschuhe und Gesichtsmaske benutzen. Das Holz muss in einem luftdichten Behälter geräuchert werden. Wählen Sie transparentes Material, damit Sie die Entwicklung beobachten können, denn der Prozess kann zwischen einer und 24 Stunden dauern. Prüfen Sie vor der Verwendung die gesetzlichen Vorschriften für die Entsorgung von Ammoniak. Befolgen Sie die Sicherheitsvorschriften genau.

1 Ein paar Nägel, die durch ein Stück Sperrholz gehämmert werden, bilden einen Ständer mit minimalen Berührungspunkten. Eine feste, transparente Plastiktasche ist ein idealer Behälter. Benutzen Sie ein Stück Maschendraht, um den Kontakt zwischen dem Plastik-„Zelt“ und dem Holz zu vermeiden.

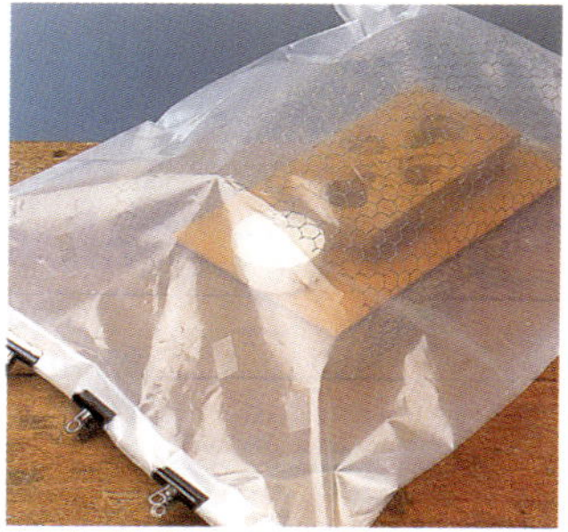

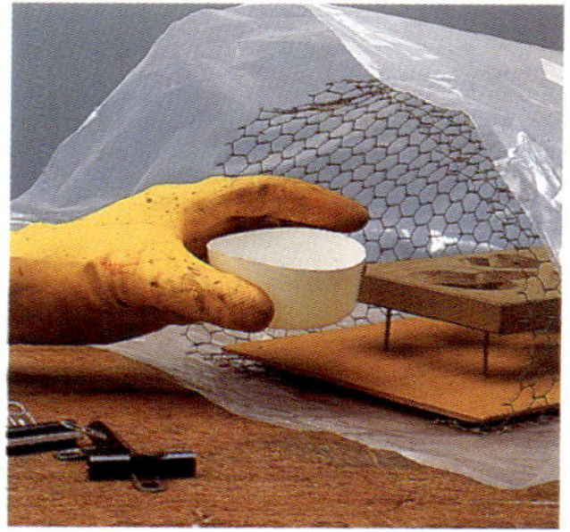

2 Stellen Sie einen kleinen Behälter mit Ammoniak in die Tasche, und zwar so, dass er nicht umkippt, wenn Sie die Tasche verschließen. Für diese kleine Tafel wurden 70 ml der Ammoniaklösung eingesetzt.

3 Drücken Sie die offene Plastiktasche zusammen und falten Sie das Ende mehrmals. Dann werden Klammern angesetzt, um die Tasche luftdicht zu schließen.

4 Beobachten Sie die Veränderungen von Zeit zu Zeit. Wenn Sie meinen, dass das Holz dunkel genug geworden ist, kann die Tasche geöffnet werden – entweder im Rauchabzug mit eingeschaltetem Ventilator oder im Freien. Verdünnen Sie den Rest der Ammoniaklösung mit viel Wasser und bewahren Sie diese sicher auf.

5 Lassen Sie erst die Dämpfe entweichen, bevor Sie das Holz herausnehmen und die Tönung näher betrachten. Wenn es zu dunkel ist, lassen Sie das Holz eine Weile unbehandelt. Es wird allmählich wieder heller.

6 Wenn Sie mit der Färbung zufrieden sind, tragen Sie eine Schicht aus farblosem Schellack auf. Wachsen Sie dann die Oberfläche. Man kann auch einen etwas wärmeren Ton herstellen, indem man rohes Leinöl, das im Verhältnis 1 : 3 mit Terpentin verdünnt wurde, vor dem Wachsen auf das Holz streicht.

7 Lassen Sie die Mischung eine Zeit lang einwirken. Dann wird mit einem Tuch gerieben.

8 Ölspuren verhindern, dass Wachs am Holz haften kann. Deshalb sollte man das Holz gründlich trocknen lassen. Dann wird die Wachspolitur aufgetragen.

9 Die fertige Tafel vermittelt den Eindruck, als sei die Färbung auf natürliche Weise über viele Jahre entstanden.

Dunkle Holzbeize (Kiefer Antik)

Vor der Oberflächenbehandlung können Sie das Holz mit einem Bleichmittel behandeln, weil das die Wirkung erhöht. Befolgen Sie die Anweisungen des Herstellers genau. Da die Holzfasern dabei leicht aufgerichtet werden, sollten Sie vor Schritt 1 leicht mit feinem Glaspapier schleifen.

1 Bestreichen Sie den ganzen Fisch mit Holzbeize. Hier wurde eine Beize auf Akryl-Basis verwendet.

2 Streichen Sie gefärbtes Antikwachs auf – dies ist Antik-Mahagoni. Arbeiten Sie das Wachs mit einem steifen Pinsel gut in alle Risse und Hohlräume ein. Man kann einen geeigneten Pinsel herstellen, indem man die Borsten eines Malerpinsels auf halbe Länge schneidet.

3 Wischen Sie das überschüssige Wachs mit einem Lappen ab. Dabei lassen Sie das dunkle Wachs in den tieferen Stellen, wo es einen Kontrast zu den helleren, höher gelegenen Stellen bildet. Warten Sie mindestens eine Stunde. Benutzen Sie dann eine Schuhbürste, um der Schnitzerei einen weichen Glanz zu geben.

TECHNIKEN FÜR DIE HERSTELLUNG DER ENTE:

Federn

Vögel haben primäre und sekundäre Flugfedern. Wenn der Vogel ruht, sind die primären Federn gefaltet und angewinkelt. Sie sind immer sichtbar. Die sekundären Flugfedern liegen oft versteckt. Sie werden sichtbar, wenn der Vogel wachsam ist oder sein Gefieder putzt. Bei vielen Arten sind sie sehr hell oder schillernd.

Der Lockvogel hier zeigt eine wachsame Haltung. Beide Federgruppen sind zu sehen. Ein lebendiger Vogel hält seine primären Federn in einem Abstand vom Körper, was ein Problem für den Lockvogel-Schnitzer darstellt. Feine Details würden leicht beschädigt bei unvorsichtiger Handhabung. Die Lösung besteht darin, die Federn als Relief zu schnitzen und dadurch den Eindruck angehobener Primärfedern zu erzeugen.

1 Markieren Sie die Primärfedern. Die Flügelspitze befindet sich 30 mm vom Schwanzende entfernt. Die Sekundärfedern liegen weiter unten an der Seite des Vogels. Achten Sie auf Symmetrie. Pausen Sie diese Linien und die Mittellinie ab und übertragen Sie sie auf die andere Seite.

2 Benutzen Sie eine Raspel mit einer scharfen Kante. Damit feilen Sie an den Primärfedern entlang. Entfernen Sie Holz unterhalb der Linien und gestalten Sie die Flügelenden als scharfe Spitze.

3 Feilen Sie die Sekundärfedern mit derselben Raspel. Beim lebendigen Vogel liegen diese Federn unter den Primärfedern und sind nur teilweise zu sehen. Dies sollte beim Lockvogel deutlich zu erkennen sein.

4 Entfernen Sie mehr Holz von der Oberseite des Schwanzes nach unten zur Seite des Vogels, um die Federn in vollem Relief darzustellen. Wenn dieser Bereich überarbeitet wird, muss man darauf achten, dass die Formen sanft vom Schwanz zu den Seiten ineinander übergehen.

Aushöhlen des Körpers

Nicht alle nordamerikanischen Lockvögel haben einen hohlen Körper. Frühe Beispiele der Neuzeit wurden einfach mit einem Beil aus Bauholz, Holzklötzen oder sogar Schiffsmasten geformt. Am Anfang des 20. Jahrhunderts begannen Jäger jedoch damit, Wasservögel an die Hotels und Restaurants der wachsenden Städte der Ostküste zu liefern. Mit der wachsenden Nachfrage nach Vögeln entstanden auch überzeugendere Lockvögel. Sie wurden oft vom Boot aus in das Wasser geworfen. Sie mussten sich im Wasser wieder aufrichten und gut schwimmen. So fanden hohle, mit einem Gewicht versehene Lockvögel weite Verbreitung.

1 Benutzen Sie einen Bohrständer und einen Forstner- oder Schlangenbohrer und bohren Sie eine Reihe von Aushöhlungen in die obere Körperhälfte. Benutzen Sie das Abfallholz vom Zuschneiden des Rohlings als Unterlage, um den Körper zu stabilisieren. Denken Sie daran, der äußeren Kontur entsprechend unterschiedlich tief zu bohren.

2 Wiederholen Sie diesen Vorgang mit der unteren Körperhälfte. Bohren Sie etwa 30 mm tief. Dadurch bleibt genug Holz übrig, um das Ruder zu befestigen. Sie dürfen nicht an den Stellen bohren, wo die beiden Hälften zusammengeschraubt werden.

3 Ein Bohrloch muss an der Stelle liegen, wo der Hals befestigt wird. Bohren Sie ein Loch durch diese Aushöhlung, setzen Sie den Hals auf und markieren Sie dort die Lage der Bohrung. Bohren Sie ein Loch für die Schraube, dann tragen Sie Holzleim auf die Kontaktflächen und schrauben den Hals von unten auf den Körper.

4 Tragen Sie Leim auf die Kontaktflächen der beiden Körperhälften auf. Achten Sie darauf, dass der Leim gut und gleichmäßig verteilt wird. Es dürfen keine Luftblasen entstehen.

5 Vor dem endgültigen Zusammenbauen legen Sie eine trockene Erbse oder Bohne in eine der Aushöhlungen. Wenn der Lockvogel fertig ist, zeigt ihr Rasseln, dass der Vogel hohl ist. Schrauben Sie die Hälften fest zusammen und wischen Sie den überschüssigen Leim ab.

6 Nach dem Aushärten des Leims schleifen Sie die Verbindungsstellen, wobei Sie kleine Fehler beseitigen können. Benutzen Sie grobes Schleifpapier mit 80er Körnung.

Mängel

In Nordamerika werden Lockvögel traditionell aus dem Holz des Lebensbaums (White Cedar) geschnitzt. Hier wird, obwohl es als Hartholz eingestuft wird, Jelutong-Holz benutzt, weil es sich leicht bearbeiten lässt. Das Fehlen einer deutlichen Maserung bedeutet, dass man es gut in jede Richtung schnitzen kann. Deshalb bietet es sich für die Entwicklung plastischer Formen an. Andere geeignete Holzarten sind Linde, Englische Linde und Tupelo.

Jelutong-Holz ist nicht ohne Mängel, aber wenn Sie Ihr Holz sorgfältig ausgesucht haben, ist der einzige Fehler, auf den Sie eventuell treffen, eine Milchsaft- oder Latex-Tasche. Sie sieht aus wie ein Halm, der durch das Holz wächst.

1 Der halmartige Latex sollte leicht aus dem Holz herauszuziehen sein. Falls nicht, benutzen Sie ein scharfes Messer, um das harte Ende soweit wie möglich aus dem Holz herauszuschneiden.

2 Säubern Sie das entstandene Loch und füllen Sie es mit einem Füllmittel aus Kunststoff. Ein Zwei-Komponenten-Füllmittel, das man vor der Anwendung mischen muss, härtet normalerweise in 5 bis 10 Minuten aus. So kann man die Arbeit schnell fortsetzen.

3 Drücken Sie das Füllmittel in das Loch bis in eine Tiefe von 10 mm. Lassen Sie das Loch etwas zu voll werden und verteilen Sie die Masse in einem Umkreis von mindestens 10 mm. Wenn das Füllmittel hart geworden ist, bearbeiten Sie die Stelle mit einem 80-Korn-Schleifpapier.

Gewichte

Ein schwimmender Lockvogel benötigt wie ein Boot Ballast zum Stabilisieren. Lockvögel brauchen den Ballast auch, um aufrecht zu bleiben. Es gibt verschiedene Methoden, Ballast anzubringen. Man kann zum Beispiel ein Hufeisen im Boden des Lockvogels platzieren. Die verbreitetste Ballastform ist Blei. Es kann mit Nägeln oder Schrauben befestigt oder an einer kurzen Leine unter den Lockvogel gehängt werden. Die attraktivere Methode besteht jedoch darin, den Ballast im hölzernen Ruder zu verstecken. Die kniffligste Aufgabe ist das Abschätzen des richtigen Ballastgewichts: Zu schwere Gewichte ziehen den Lockvogel zu tief ins Wasser; bei zu wenig wird sich der Lockvogel nicht von selbst aufrichten, er könnte sogar mit dem Kopf nach unten schwimmen.

1 Schneiden Sie die Form des Ruders aus einem Holzblock und bewahren Sie die Reste als Unterlage beim Bohren auf. Für das Aushohlen des Ruders mit dem selben Bohrer wie beim Körper arbeiten. Bohren Sie vorne und hinten ein Senkloch; diese Schraubenlöcher dürfen nicht dort sitzen, wo die beiden Hälften des Vogels verschraubt sind.

2 Angelgewichte aus Blei sind leicht zu besorgen und zu benutzen. Für diesen Lockvogel benötigt man etwa 250 g. Die Aushöhlung wird mit einem Zwei-Komponenten-Epoxydharz-Klebstoff gefüllt. Darin taucht man die Gewichte ein und lässt das Ganze aushärten.

3 Schrauben Sie das Ruder am Boden des Lockvogels fest, aber verleimen Sie es noch nicht. Wenn die Ente nicht richtig schwimmt oder sich nicht richtig aufrichtet, muss das Ruder verstellt und die Position der Gewichte verändert werden.

4 Wenn der Test zur Zufriedenheit verlaufen ist, wird das Ruder an der richtigen Stelle festgeleimt und verschraubt. Leimen Sie Dübel in die Senklöcher. Nach dem Trocknen des Leims wird die Oberfläche geglättet.

Augen

Die Augen der Lockvögel wurden auf das Holz gemalt, geschnitzt oder durch Nägel oder Stifte mit angemalten Köpfen dargestellt. Zur Jahrhundertwende benutzten die meisten Hersteller von Lockvögeln Glasaugen. Der größte Teil von ihnen wurde in Österreich und Deutschland produziert, wo eine blühende Heimarbeitsbranche Glasaugen für Puppen, Teddybären und Stofftiere herstellte. Die besten Glasaugen kommen immer noch aus Europa. Es gibt sie ab 1 mm Durchmesser und in jeder Farbkombination, die benötigt wird, um Vögel, Säugetiere und Fische darzustellen.

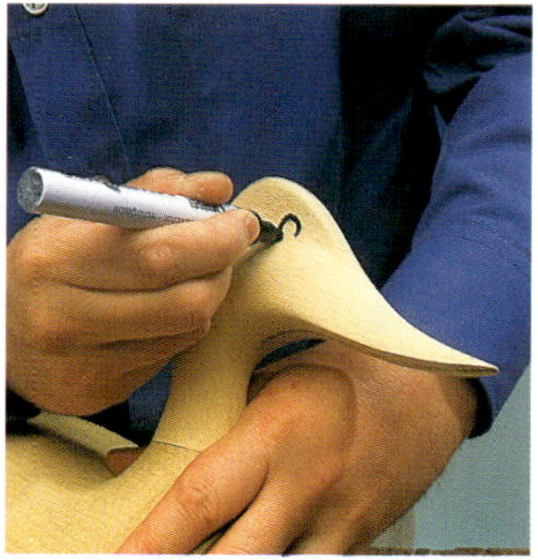

1 Markieren Sie die Stellen für die Augen deutlich auf beiden Seiten des Kopfes. Überprüfen Sie diese von vorne und von oben, damit sich beide in derselben Position befinden.

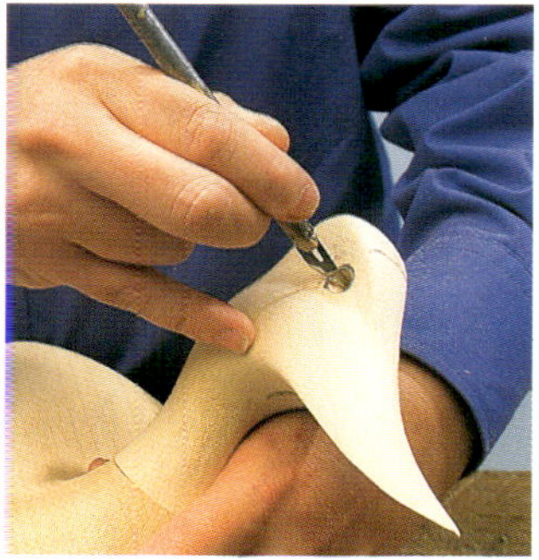

2 Mit einem scharfen Messer wird die Augenhöhle etwa 10 mm tief ausgeschnitten. Die Höhle sollte im Durchmesser etwas größer sein als das Auge. So kann man das Auge noch etwas ausrichten, wenn es eingesetzt wurde.

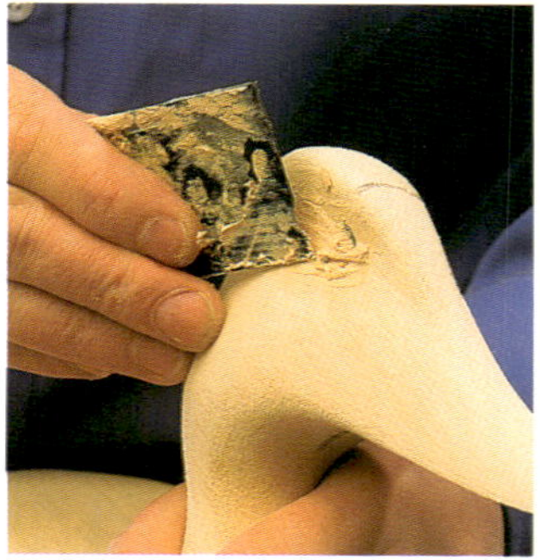

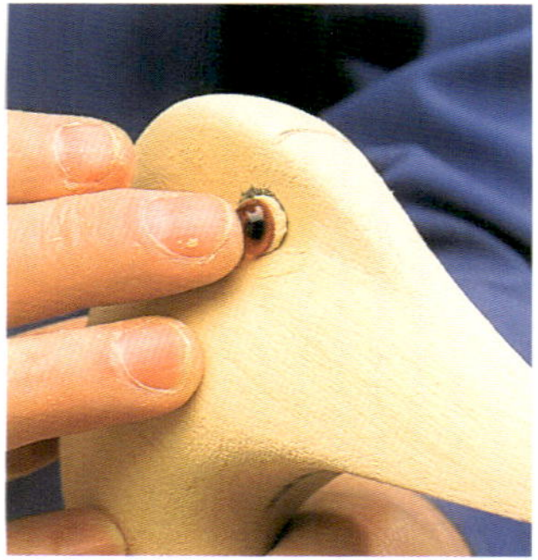

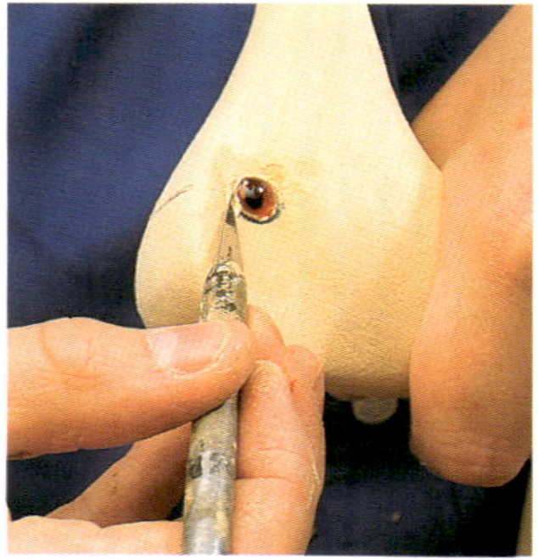

3 Füllen Sie eine Augenhöhle mit einem schnellhärtenden Holzfüllmittel aus Kunststoff. Befestigen Sie erst ein Auge, dann passen Sie das andere an.

4 Drücken Sie das Auge an die richtige Stelle. Dabei quillt überschüssige Kunststoffmasse heraus. Verteilen Sie diese um das Auge und stellen Sie einen Übergang zum Kopf her.

5 Säubern Sie das Auge mit einem scharfen Messer. Schneiden Sie die Füllmasse um das Auge herum zurück und stellen Sie eine ansprechende Form her.

6 Glätten und formen Sie den ganzen Bereich mit feinem Schleifpapier. Passen Sie aber auf, dass Sie dabei nicht das Auge zerkratzen.

Oberflächenbehandlung

Im Gegensatz zu den meisten anderen Schnitzarbeiten hat der Lockvogel eine gemalte Oberfläche. Traditionell werden Ölfarben benutzt. Sie können direkt auf das Holz aufgebracht werden. Wenn Sie sich für Acrylfarben entscheiden, müssen Sie das Holz vorher versiegeln. Ölfarben lassen sich leicht mischen und geben dem Lockvogel ein authentisches Aussehen, aber sie benötigen ein bis zwei Tage zum Trocknen, sogar mit Trockenhilfe. Acrylfarben haben den Vorteil, dass sie schnell trocknen – ein Haartrockner kann den Vorgang sogar noch beschleunigen –, aber Acrylfarben sind schwierig zu mischen.

1 Markieren Sie sorgfältig alle Bereiche mit einheitlicher Farbgebung wie den Rumpf, die primären Flugfedern und die Brust. Achten Sie dabei auf genaue Symmetrie. Jetzt ist es noch einfacher, Korrekturen vorzunehmen, als später, wenn die Farbe aufgebracht ist.

2 Fangen Sie mit den großen schwarzen Flächen an. Benutzen Sie einen 20 bis 30 mm breiten, flachen Pinsel. Das Holz soll gut bedeckt werden.

12 Der Lockvogel kann nun ausgehöhlt und der Kopf befestigt werden (Technik 23). Wenn der Kopf aufgesetzt ist, stellen Sie den Übergang vom Hals zum Körper fertig.

13 Schleifen Sie so mit Sandpapier (80er Korn), dass alle Übergänge fließend sind. Verwenden Sie schrittweise feineres Sandpapier, um Kratzer auf der Oberfläche zu entfernen und eine glatte Oberfläche für den Anstrich zu schaffen.

14 Den angemalten Lockvogel können Sie mit zur Jagd nehmen oder auf einer Anrichte platzieren. Eine Leine und ein Gewicht bilden einen Anker, der verhindert, dass der Vogel beim Einsatz abtreibt. Befestigen Sie die Leine an einer Lederschlaufe, die an das Ruder genagelt wird.

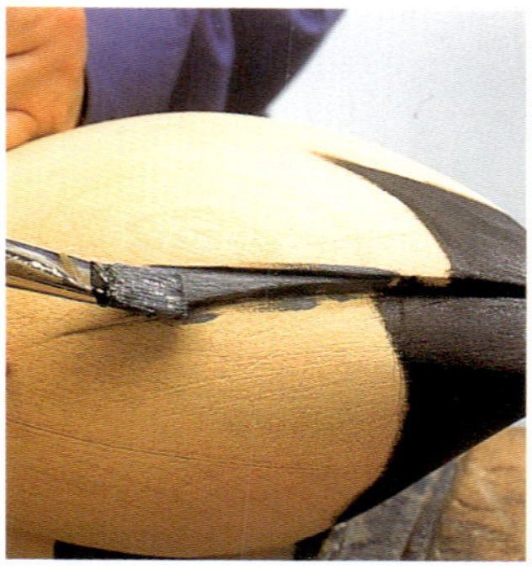

3 Viele Tierarten haben leuchtende sekundäre Flugfedern. Bei dieser Ente sind sie jedoch grau. Von dieser Farbe benötigen sie nicht viel; mischen Sie nur etwas Schwarz mit Weiß.

4 Für die Seiten mischen Sie ein helles Grau und lassen es in ein dunkleres Grau im oberen Teil des Körpers übergehen. Achten Sie darauf, dass die schwarzen Kanten scharf bleiben.

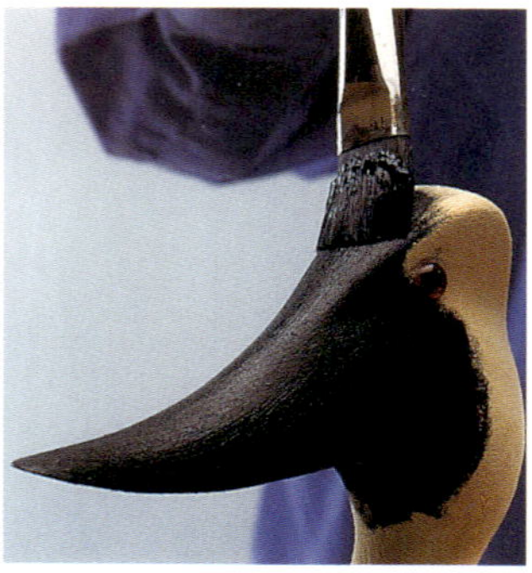

5 Streichen Sie den Schnabel oben und unten schwarz an. Das Gesicht vom Schnabel bis zu Augen und Hals ist ebenfalls schwarz.

6 Der Hinterkopf und der Hals werden in Siena angemalt. Das Braun geht in das Schwarz des Gesichts über. Sie müssen die Farben mehrmals ineinander ziehen, um diesen fließenden Übergang herzustellen.

GALERIE

Die Werke anderer Schnitzer sind eine wunderbare Quelle für Inspirationen und Informationen. Sie können Ihnen dabei helfen, den Schnitzstil zu entdecken, der Ihnen wahrscheinlich am meisten Spaß bereiten wird. Außerdem bieten sie Einsichten in die vielen verschiedenen Techniken, die Sie benutzen können. So können Sie eigene Ideen entwickeln und Möglichkeiten für die Verwendung von speziellen Hölzern erfahren, an die Sie sonst nicht gedacht hätten.

Funktionale Formen

Zum Holzschnitzen gehört ein weites Feld von praktischen Anwendungen, nicht zuletzt die Herstellung von nützlichen Haushaltsgegenständen wie Schalen, Löffeln und Salatbestecken. Unabhängig davon, ob es sich um schlichte Oberflächen handelt, die sich leicht reinigen lassen und damit sehr praktisch sind, oder um ein dekorativeres Äußeres – Gegenstände aus Holz kombinieren Funktionalität mit ästhetischen Qualitäten. Wie die Beispiele verdeutlichen, können mit Phantasie und handwerklichem Geschick auch sehr schlichte, alltägliche Dinge zu reizvollen Objekten gestaltet werden.

Paul Caton
SCHALEN

Diese drei Schalen wurden auf traditionelle Weise mit der Hand aus britischen Hölzern geschnitzt. Häufig spaltet Paul Caton das Holz und lässt die dabei entstehenden Oberflächenformen den Verlauf der Ränder bestimmen.

Michael Lewis
HÖLZERNER LÖFFEL

Ein klassischer Löffel, aus Irokoholz geschnitzt. Die Form wurde mit einer Bandsäge ausgeschnitten. Hohleisen, Bildhauerfeilen und Schmirgelpapier wurden benutzt, um ihn zu gestalten und zu glätten.

Nicola Henshaw
SCHILDKRÖTENSCHALE

Diese Salatschale mit einem Besteck, dessen Griffe als Vögel gestaltet sind, wurde von einer afrikanischen Fabel inspiriert. Sie zeigt, wie man ein Objekt mit Humor beleben kann.

Paul Caton
SCHALE

Diese Schale, die mit traditionellen Werkzeugen aus Hartholz geschnitzt wurde, hat einen flachen, breiten Rand, der eine Inschrift trägt.

Helen Cumberlidge and Roderick Jenkinson
BUCHENBLÄTTER AUF HAINBUCHENHOLZ

Bei der Idee für diese Schale aus Hainbuchenholz haben Versteinerungen von Pflanzen Pate gestanden. Die Schale wurde gedrechselt; dann wurden die Blätter in die Oberfläche geschnitzt.

Nicola Henshaw
FISCHPLATTEN

Diese farbenfrohen Servierplatten aus Kiefernholz mit einer Vielzahl von geschnitzten Formen sind gut geeignet, um Sandwiches und Snacks anzubieten.

Dosen

Dosen und Schatullen bieten viele Möglichkeiten für inspirierte Schnitzereien. Die Gestaltung reicht von einfachen, geometrisch geformten Behältern bis zu kunstvoll gestalteten Gebilden. Sie können mit Oberflächenmustern geschmückt sein oder reliefartige Schnitzereien aufweisen. Sie können alle denkbaren Formen aufweisen, sich an leblosen Dingen orientieren oder an lebendigen bis hin zu Vögeln, Tieren und menschlichen Figuren. Die meisten Menschen finden Dosen unwiderstehlich, sie stellen daher ideale Geschenke dar.

Nicola Henshaw
WILDSCHWEINSCHATULLE

Dieses Wildschwein, aus dem Holz des Mammutbaums geschnitzt, hat einen Deckel mit Scharnier, auf dem man beim Öffnen folgenden Spruch lesen kann: „Ein Hund schaut zum Menschen auf, eine Katze blickt auf den Menschen herab, aber ein Schwein schaut dem Menschen direkt in die Augen.“

Howard Raybould
DOSE

Diese farbig gestaltete, handgeschnitzte Dose war eine Auftragsarbeit. Sie demonstriert sowohl hervorragendes handwerkliches Geschick als auch Können beim Entwurf.

Lynn Hodgson

SPRINGENDER HASE

In den Deckel dieser Schatulle aus Eichenholz wurde ein flaches Relief geschnitzt. Die einfachen, aber ausdrucksstarken Linien fangen die Lebendigkeit des springenden Hasen unter dem Vollmond ein.

Nicola Henshaw

SCHNEPFENDOSE UND BACHSTELZENDOSE

Diese beiden Dosen wurden aus Lindenholz mit großer Liebe zum Detail geschnitzt und dann angemalt. Jeder Vogel hat Flügel mit Scharnieren. Wenn man sie öffnet, sieht man mehrere Eier, die genau in den Körper passen.

Jonathan Mushlin

DOSEN

Diese beiden Dosen sind handgeschnitzt und bestehen aus Nussbaumholz. Beim Schnitzen wurden Hohleisen, Feilen und Schleifpapier benutzt. Die Oberflächen wurden mit Leinöl behandelt. Die Entwürfe verdeutlichen, wie die Phantasie vorgefasste Meinungen über den Zusammenhang von Form und Funktion in Frage stellen kann: Die obere Dose bildet eine ansprechende kleine abstrakte Skulptur.

Sue Haynes
MUSCHELRAHMEN

Der Entwurf dieses kleinen Rahmens war das Ergebnis eines Auftrags, der ein Meeresthema forderte. Der Rahmen wurde mit Überblattungen konstruiert und in Jelutongholz geschnitzt.

Rahmen

Ob einfach oder ausgeschmückt, schlicht oder farbig, ein Bilderrahmen muss so entworfen werden, dass er zum Gemälde passt, das er einrahmen soll. Spiegelrahmen hingegen bieten die Möglichkeit, dass Sie Ihrer Phantasie freien Lauf lassen.

Lynn Hodgson
GEIßBLATT-RAHMEN

Ein in Birnbaumholz ausgeführter Rahmen mit sehr schöner Schnitzarbeit. Er folgt einer alten Tradition, indem eine natürliche Form zu einem fast abstrakten, formalen Muster entwickelt wird.

Nicola Henshaw
SPIEGELRAHMEN MIT VOGELMOTIV

Diese Schnitzarbeit wurde durch indische Textilien inspiriert. Der Rahmen besteht aus Teakholz und entstand während eines Besuchs in Indien. Der fertige Entwurf wurde in einen Computer gescannt und dann auf den Stoff gedruckt, den man hinter dem Spiegel sieht.

Relief

Geschnitzte Reliefs können fast flach sein oder annähernd dreidimensional. Dazwischen gibt es viele Abstufungen. Bildhafte Schnitzereien verwenden oft die perspektivischen Hilfsmittel der Maler, um bei einem Relief einen überzeugenden Eindruck von Tiefe zu erzielen.

Bon Rasmussen
GERSTE UND REIS

Dieses Schnitzwerk ist eines von 32, die die Verwaltung einer Brauerei schmücken. Es wurde in weißes Ahornholz geschnitzt und dann kirschfarben gebeizt. Die Entwürfe, die Brauereizutaten darstellen, wurden mit einer Laubsäge ausgeschnitten. Ein Teil der groben Arbeiten wurde mit einer Oberfräse und einem Motor-Schnitzgerät erledigt. Der Rest war Handarbeit.

Charles MacEachern
BLAUMEISEN

Präzise beobachtete und in Teakholz geschnitzte Darstellung. Diese kleinen Vögel bilden eine harmonische Komposition.

Sue Haynes
INDISCHER ELEFANT

Dieses Elefantendarstellung wurde durch eine Reise nach Indien angeregt. Sie wurde in Lindenholz geschnitzt und mit klarem Wachs behandelt. Das Schnitzwerk verdeutlicht seine Ursprünge und enthält eine humorvolle Komponente.

Michael Lewis
SEITENBRETT FÜR EINEN ZIGEUNERWAGEN

Die Komposition aus Sonnenblumen, Trauben und Akanthus, entworfen für die Restauration eines Zigeuner-Wohnwagens aus dem Jahr 1930, wurde in Buchenholz mit Hilfe einer Bandsäge, Oberfräse und Hohleisen geschnitzt.

Ross Fuller

DIE MASKE DES GRÜNEN MANNES

Diese bemerkenswerte Maske basiert auf den mysteriösen Kapitell-Köpfen, die man in Kirchen in ganz Europa findet und die einem vorchristlichen Kult entstammen sollen. Sie wurde in Eichenholz geschnitzt, die Oberfläche wurde geräuchert, gebeizt und gewachst.

Antony Denning

GREIF

Eine von drei Schnitzarbeiten, die in Auftrag gegeben wurden, um Grocers Hall in London zu schmücken. Sie wurde von Hand mit Beiteln und Hohleisen in Lindenholz geschnitzt. Vor dem Beizen und Ölen wurde die Darstellung an mehreren Stellen durchbrochen, um eine Tiefenwirkung zu erzielen.

Ashley Sands

FLIEßENDES ORNAMENT

Diese Schnitzarbeit in Eichenholz ist Teil einer längeren Tafel. Sie wurde inspiriert durch ein Ornament aus Weinblättern und Trauben in gotischem Stil, entdeckt in einer Kirche in Devon, Südwestengland.

Dreidimensional

Beim Schnitzen plastischer Objekte bewegt man sich eher auf dem Gebiet der Kunst als auf dem des Handwerks. Einige der Schnitzwerke, die hier gezeigt werden, können genauso gut als Skulpturen bezeichnet werden. Ob darstellend oder abstrakt, dreidimensionale Arbeiten müssen auf jeden Fall das Auge aus allen möglichen Blickrichtungen befriedigen.

Paul Caton
MEERESVOGEL

Fische, Vögel und andere Tiere können in zahllosen Arten porträtiert werden. Dieser Meeresvogel, geschnitzt in Bergahorn, scheint im Flug zu gleiten. Ohne naturgetreu zu sein, wird das Charakteristische des Vogels wiedergegeben.

Stewart Langworth
KÖNIGSPINGUIN

Der ganze Vogel wurde aus einem Stück Eschenholz geschnitzt. Er wurde stilisiert dargestellt, um seine Würde auszudrücken. Das Ei ist separat geschnitzt.

Ferelyth Wills
EULE

Die Eule, in Eibenholz geschnitzt, gehört zur Stilrichtung des sogenannten Abstrakten Realismus – ein widersprüchlicher Begriff, der dennoch sehr anschaulich ist.

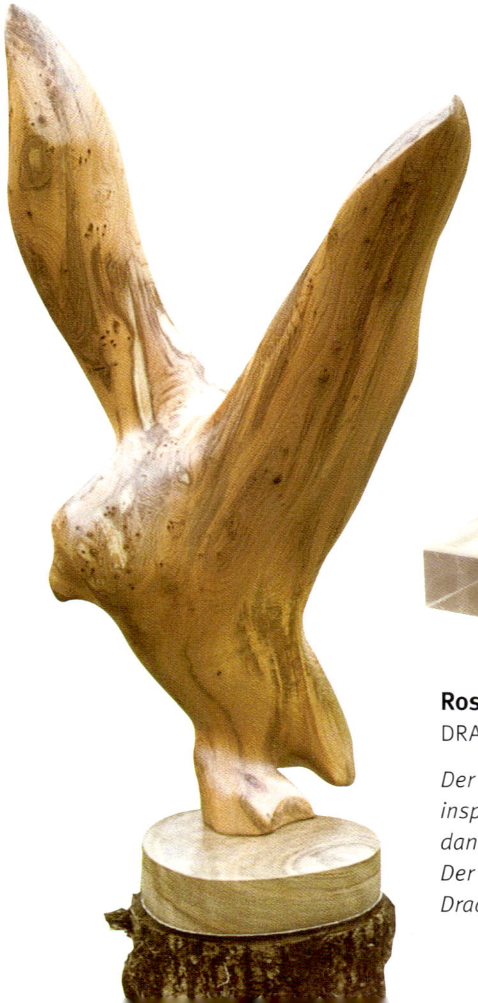

Ross Fuller
DRACHEN-KERZENLEUCHTER

Der durch eine Bronze aus dem 12. Jahrhundert inspirierte Leuchter wurde in Lindenholz geschnitzt, dann mehrfarbig gestaltet, vergoldet und versilbert. Der Kerzenhalter besteht aus Silber und Glas. Der Drache wurde auf einem Plexiglasblock befestigt.

Nicola Henshaw
KROKODILBANK

Das ansprechende, in Lindenholz geschnitzte Krokodil wurde durch eine Kindergeschichte inspiriert. Das Maul hat ein Scharnier, und der Schwanz lässt sich seitlich bewegen.

Eleanor Glover
FIGUR MIT BUCHSTABEN

Eine Vorliebe für Buchstabenformen und eine humorvolle Neigung zum Surrealismus inspirierten dieses Werk, dessen Einzelstücke aus Kiefern und Birken–Furnierholz hergestellt wurden. Nach dem Zuschneiden mit der Bandsäge wurde es mit Messern geschnitzt und mit Akrylfarben bemalt.

Sue Haynes
SITZENDES SCHWEIN

Dieses muntere und freundliche Schwein entwickelte sich aus einem Entwurfsmodell aus Knetmasse. Es wurde aus Lindenholz geschnitzt und mit klarem Wachs behandelt.

Robert Randall
VIER ENGEL

Diese Engel wurden angefertigt, um vier gestohlene Originale im Stil der Viktorianischen Gotik zu ersetzen. Als Vorlage diente ein altes, dürftiges Foto. Die Körper wurden in Eichenholz geschnitzt. Die Flügel und Heiligenscheine sind hinzugefügt. Die Oberfläche der Engel wurde in Van Dyckscher Manier mit in Wasser gelösten Kristallen behandelt und dann gewachst. Die Heiligenscheine sind vergoldet.

Nicola Henshaw
LÖFFELREIHER UND SILBERREIHER

Die mit Scharnieren befestigten Flügel können angehoben werden, so dass eine aus Fischen und Garnelen bestehende Mahlzeit zum Vorschein kommt. Die in Lindenholz geschnitzten und angemalten Vögel wurden durch Fabeln, Gedichte, Märchen und Reisen in Afrika und Asien angeregt.

Judith Nicoll
STOCKENTEN UND ANDERE ENTEN

Die Stockenten sind Lockvögel, die ausgehöhlt und mit Ölfarbe angestrichen wurden. Die anderen Enten sind auf gleiche Weise hergestellt worden, aber nicht für eine praktische Verwendung vorgesehen.

Howard Raybould
KERZENHALTER

Der in Lindenholz geschnitzte und angestrichene Kerzenhalter ist ein anschauliches Beispiel dafür, wie gut Design-Ambitionen und handwerkliche Fähigkeiten kombiniert werden können, um ein einfaches, aber ästhetisch ansprechendes Werk hervorzubringen.

Dick Onians
DOPPELTE UNENDLICHKEIT

Dieses einmalige Design basiert auf dem Moebius-Streifen, der aus einer durchgängigen Oberfläche besteht. Der kleine Zwischenraum in der Mitte soll Spannung vermitteln. Aus einem anderen Blickwinkel sieht das Werk wie zwei Unendlichkeits-Symbole aus, daher der Titel. Es wurde in Pappelholz geschnitzt und auf einer Schieferplatte befestigt.

Sicherheit in der Werkstatt

Ihr Arbeitsbereich muss sicher, gut beleuchtet und aufgeräumt sein. Praktisch gestaltete und angenehme Arbeitsbedingungen sowie gut gepflegte Werkzeuge und Materialien werden Ihnen helfen, beste Arbeit zu leisten und andere und sich selbst zu schützen.

DER ARBEITSPLATZ

Ihr Arbeitsplatz sollte, wenn möglich, ein Bereich sein, an dem Sie Ihre Werkzeuge und Ihr Werkstück liegen lassen können, ohne dass es stört, und wo eine gewisse Unordnung toleriert werden kann. Idealerweise sollten Sie auch genügend Stauraum für Werkzeuge und Holzstücke haben.

Beleuchtung

Wichtig ist ausreichende Beleuchtung – am besten Tageslicht. Leuchtstofflampen liefern gutes Streulicht, aber Sie benötigen auch eine stabile tragbare Lampe, damit Sie Ihre Arbeit aus verschiedenen Winkeln beleuchten können. Prüfen Sie Ihr Werkstück von Zeit zu Zeit draußen bei Tageslicht.

Arbeitsfläche

Eine feste Arbeitsfläche in bequemer Höhe ist eine Grundvoraussetzung. Wenn man sich ständig nach unten beugen muss, bekommt man Rückenschmerzen, und das Arbeiten ist ermüdend. Ihr Körper sollte so entspannt wie möglich sein. Es gibt Darstellungen von mittelalterlichen Schnitzern, die bei Ihrer Arbeit sitzen, aber die meisten Schnitzer stehen, weil man so besser Druck ausüben und die Werkzeuge besser führen kann, wenn man keinen Klüpfel benutzt.

Um herauszufinden, welche Höhe Ihre Arbeitsfläche haben sollte, stellen Sie sich gerade hin. Der Oberarm liegt seitlich am Körper an, der Unterarm ist horizontal nach vorne gerichtet. Eine Werkbank, auf der Sie ein Relief oder kleine Schnitzarbeiten anfertigen möchten, sollte sich 20 mm unterhalb Ihrer Arme befinden. Wenn es um größere Stücke geht, müssen Sie im Einzelfall die passende Höhe herausfinden.

Die Arbeitsfläche muss nicht groß sein, aber sie sollte fest verankert sein. Meine Werkbankplatte mißt etwa 105 x 50 cm und hat eine Dicke von 50 mm. Bei einer Arbeitsplatte mit diesen Abmessungen benötigen Sie aber eine weitere Fläche, auf der Sie die Werkzeuge beim Arbeiten ablegen können.

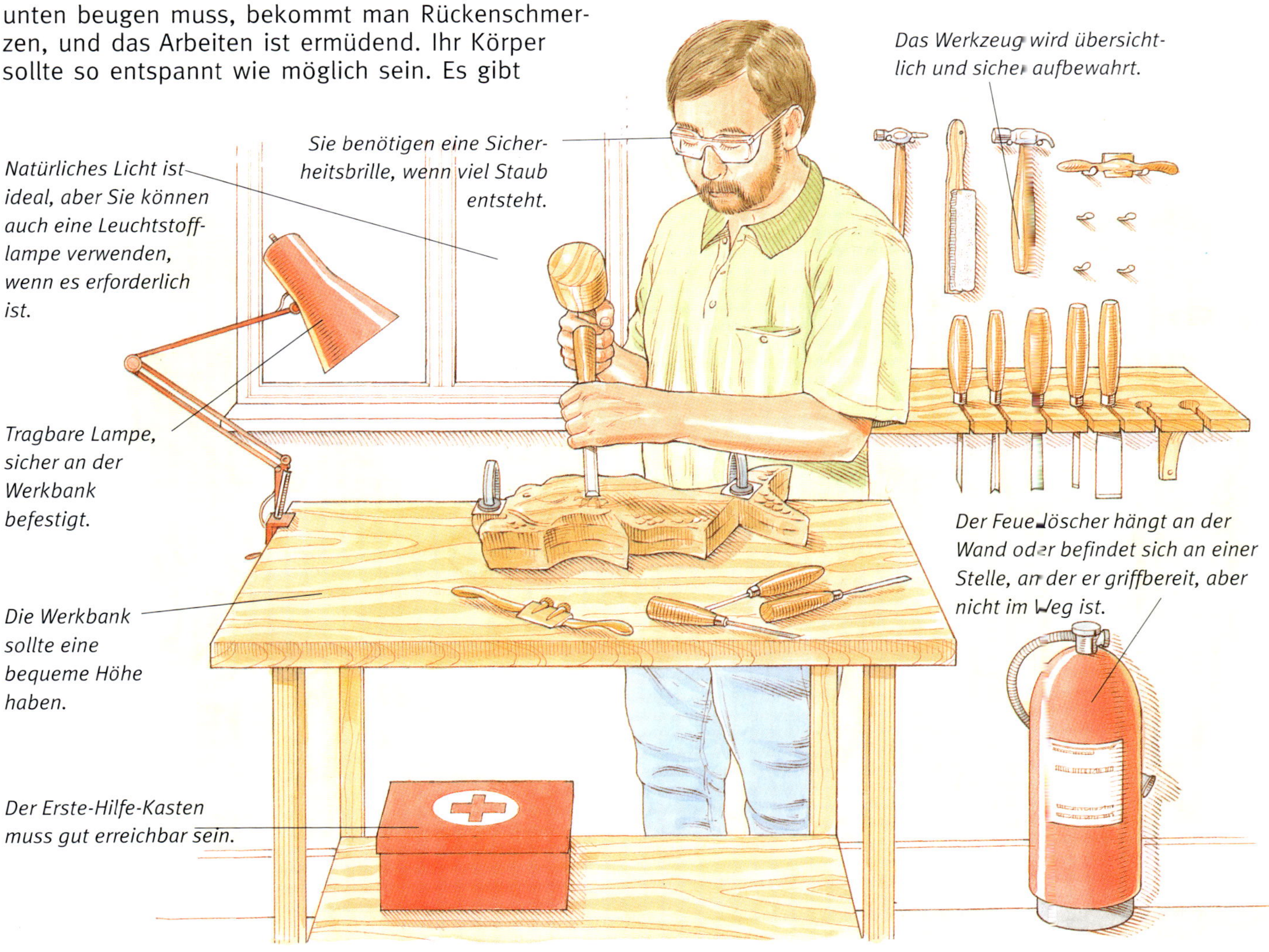

SICHERHEIT

Die Sicherheit an Ihrem Arbeitsplatz ist weitgehend eine Angelegenheit des gesunden Menschenverstands, aber es ist wichtig, folgende Punkte zu beachten:

- **Halten Sie einen Erste-Hilfe-Kasten bereit.**
- **Installieren Sie einen Feuerlöscher.**
- **Arbeiten Sie bei gutem Licht.**
- **Schnitzwerkzeuge müssen sehr scharf sein. Gehen Sie deshalb vorsichtig mit ihnen um.**
- **Bewahren Sie Ihre Werkzeuge in Reichweite auf, aber so, dass sie nicht auf den Boden oder Ihren Fuß fallen können.**
- **Testen Sie die Schärfe Ihrer Werkzeuge an einem Stück Weichholz – nicht mit dem Daumen oder Finger.**
- **Beide Hände müssen frei sein zum Schnitzen. Deshalb muss die Werkbank stabil und das Werkstück sicher eingespannt sein (siehe Technik 2).**
- **Lassen Sie nichts auf dem Boden liegen.**
- **Holzspäne und -reste sind ein Feuerrisiko. Säubern Sie Ihre Werkstatt regelmäßig, besonders am Ende jedes Arbeitstags.**
- **Befolgen Sie die Anleitung des Herstellers, wenn Sie Elektrowerkzeuge einsetzen. Tragen Sie eine Schutzbrille, eine Staubmaske und Ohrenschützer, wenn es erforderlich ist. Beim Schnitzen mit einem Beitel entsteht nicht viel Holzstaub, aber beim Einsatz einiger Elektrogeräte.**
- **Der Staub, der beim Sägen und Schleifen entsteht, gefährdet Ihre Gesundheit. Wenn bei Ihrer Arbeit viel Staub anfällt, sollten Sie im Freien arbeiten oder eine Absauganlage installieren.**
- **Tragen Sie einen Augenschutz, wenn Sie Sägemehl aus einem Hohlraum blasen.**
- **Haben Sie einen Splitter in der Haut, sollten Sie ihn so schnell wie möglich entfernen. Konsultieren Sie Ihren Arzt, wenn eine Wunde nicht heilt.**
- **Schnitzen Sie immer vom Körper weg.**
- **Schnitzen Sie nicht, wenn Sie müde sind.**
- **Essen, trinken oder rauchen Sie nicht in Ihrem Arbeitsbereich.**
- **Einige Produkte für die Oberflächenbehandlung sind giftig, andere entwickeln gefährliche Dämpfe. Befolgen Sie immer genau die Anleitungen des Herstellers und bewahren Sie die Produkte sicher auf.**
- **Farb- oder spiritusgetränkte Lappen sollten vor dem Entsorgen zum Trocknen ausgebreitet werden, sonst könnten sie sich selbst entzünden.**
- **Räumen Sie alle Werkzeuge weg, die nicht benötigt werden.**

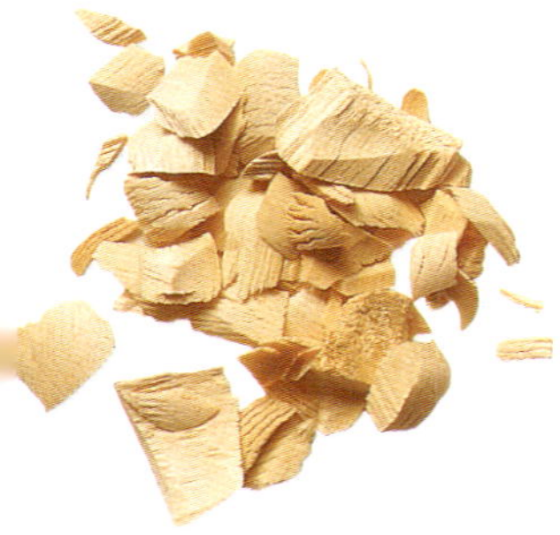

SCHNITTLISTE

MAßE DER BEARBEITETEN STÜCKE	MM	ZOLL	ANZAHL
SEITEN	95 x 19 x 600	$3\frac{3}{4}$ x $\frac{3}{4}$ x 24	2
OBERTEIL UND UNTERTEIL	133 x 19 x 430	$5\frac{1}{4}$ x $\frac{3}{4}$ x 17	2
RÜCKSEITE: seitliche Außenleisten	19 x 12 x 600	$\frac{3}{4}$ x $\frac{1}{2}$ x 24	2
SOCKEL	44 x 19 x 430	$1\frac{3}{4}$ x $\frac{3}{4}$ x 17	1
SEITEN: Verkleidung	35 x 8 x 310	$1\frac{3}{8}$ x $\frac{5}{16}$ x $12\frac{1}{4}$	2
SEITEN: Verkleidung	35 x 8 x 44	$1\frac{3}{8}$ x $\frac{5}{16}$ x $1\frac{3}{4}$	2
MAUERWERK-LEISTEN	35 x 12 x 460	$1\frac{3}{8}$ x $\frac{1}{2}$ x 18	** 4
MAUERWERK-SEITEN	35 x 12 x 44	$1\frac{3}{8}$ x $\frac{1}{2}$ x $1\frac{3}{4}$	* 8
PROFILLEISTEN	Breite Höhe Länge	Breite Höhe Länge	
SOCKEL: fertige Profilleisten	22 x 32 x 500	$\frac{7}{8}$ x $1\frac{1}{4}$ x $19\frac{3}{4}$	** 1
SOCKEL: Seiten des Sockels	22 x 32 x 65	$\frac{7}{8}$ x $1\frac{1}{4}$ x $2\frac{1}{2}$	* 2
GESIMS: Tragleiste	12 x 19 x 460	$\frac{1}{2}$ x $\frac{3}{4}$ x 18	** 1
GESIMS: Seitenleiste	19 x 12 x 44	$\frac{1}{2}$ x $\frac{3}{4}$ x $1\frac{3}{4}$	* 2
SOCKEL: Profilleiste zum Aufleimen	20 x 20 x 500	$\frac{13}{16}$ x $\frac{13}{16}$ x $19\frac{3}{4}$	** 1
GESIMS: seitliche Profilleiste	20 x 20 x 65	$\frac{13}{16}$ x $\frac{13}{16}$ x $2\frac{1}{2}$	* 2
FRIES: Tragleiste	12 x 35 x 460	$\frac{1}{2}$ x $1\frac{3}{8}$ x 18	** 1
GESIMS: Seitenleiste	12 x 35 x 44	$\frac{1}{2}$ x $1\frac{3}{8}$ x $1\frac{3}{4}$	* 2
SOCKEL: Profilleiste zum Aufleimen	32 x 22 x 520	$1\frac{1}{4}$ x $\frac{7}{8}$ x $20\frac{1}{2}$	** 1
GESIMS: seitliche Profilleiste	32 x 22 x 72	$1\frac{1}{4}$ x $\frac{7}{8}$ x $2\frac{7}{8}$	* 2
FUßLEISTEN DER SÄULEN	19 x 12 x 132	$\frac{3}{4}$ x $\frac{1}{2}$ x $5\frac{1}{4}$	** 2
GESIMS: vorne	19 x 12 x 32	$\frac{3}{4}$ x $\frac{1}{2}$ x $1\frac{1}{4}$	* 2
GESIMS: Seiten	19 x 12 x 50	$\frac{3}{4}$ x $\frac{1}{2}$ x 2	* 2
DÜBEL	6.5 dia x 56	$\frac{1}{4}$ dia x $2\frac{1}{4}$	5
KUGELN	50 dia	2 dia	5

** an beiden Enden auf Gehrung geschnitten

** an einem Ende auf Gehrung geschnitten

SCHNITTLISTE FÜR PROJEKT 12
Die angegebenen Maße gelten für den fertigen Rahmen, wenn er auf Maß zugeschnitten ist. Am Anfang sollten Sie die Stücke etwas länger schneiden und dann die Längen beim Zusammenbauen des Rahmens anpassen. Den Spiegel und das Sperrholz für die Rückwand sollten Sie erst bestellt, wenn Sie die genauen Maße der Öffnung kennen.

Register

Kursive Zahlen beziehen sich auf die Technikabschnitte

Anmerkungen

Der Verlag dankt allen Holzschnitzern, die mit Projekten und Techniken zu diesem Buch beigetragen haben:

Paul Caton
Dekorierte Schale (S. 48 – 51)
Schalen (S. 56 – 59)
Fruchtschale (S. 80 – 83)
Durchbrochenes Relief (S. 84 – 87)

Peter Clothier
Eulenrelief (S. 36 – 39)
Grimmiger Fisch (S. 58 – 61)
Ziermaske (S. 100 – 103)

Antony Denning
Wappen (S. 22 – 25)
Schmuckkästchen (S. 32 – 35)
Turnierschild (S. 44 – 47)
Rahmen mit Verzierungen (S. 72 – 79)
Tierkreiszeichen (S. 88 – 91)

Sue Haynes
Kürbisdose (S. 52 – 57)

Chris Hindley
Techniken für die Herstellung der Ente (S. 103 – 113)
Schwimmender Lockvogel (S. 110 – 113)

Michael Lewis
Tischlampe (S. 16 – 21)
Käsebrett (S. 62 – 71)
Alle Techniken (außer den gesondert aufgeführten)

Paul Maxwell
Anfertigen von Entwurfsmodellen (36 – 42)

Dick Onians
Salatbesteck (S. 26 – 31)

Robert Randall
Sitzender Löwe (S. 92 – 95)

Ashley Sands
Venusfigur (S. 96 – 99)

Der Verlag dankt allen, die zu diesem Buch beigetragen haben. Zusätzliche Danksagung für Fotos/Abbildungen:

e.t. archive 6, 7; Philip Way 120 (Mitte).
Alle anderen Fotos: Copyright bei Quarto Publishing, falls nicht anders in den Unterschriften angegeben.

Weiterhin soll besonders der Alec Tiranti Ltd. (Reading, Berks and London) und Tilgear (Cuffey, Herts) gedankt werden für die Lieferung von Werkzeugen und Geräten für die Fotoaufnahmen, der City and Guilds of London Art School für die Leihgabe von Werkbänken für die Fotos, Michael Lewis für die Vorführung der Mehrzahl der in diesem Buch dargestellten Projekte und Techniken, Chris Hindley für das Verfassen der Techniken für die Herstellung der Ente (Seite 103 – 113) und Schwimmender Lockvogel (Seite 110 – 113), Jo Foster für das Schreiben von Manuskriptteilen und Susan Cawthorne für das Register.

Anmerkungen des Autors

Ich möchte Michael Lewis für seine unermüdliche Hilfe und seine Ratschläge bei der Erstellung dieses Buchs danken, Rachel Bridge für das Korrekturlesen und das Schreiben von Buchabschnitten, den Holzschnitzern für ihre fachkundigen Vorführungen und Sally MacEachern und dem Quatro-Team für ihre Geduld und Hilfe.

Antony Denning ist Bildhauer und Schnitzer, dessen Auftragsarbeiten Wappenschilde und Werke für die Kirche umfassen. Seine Arbeiten wurden vielfach ausgestellt und befinden sich in Privatsammlungen in den USA, Kanada und Europa. Er ist der Autor des Buches „The Art and Craft of Woodcarving".

Bei der Herstellung der englischen Originalausgabe waren beteiligt:

Senior art editor Penny Cobb
Designer Karin Skånberg
Photographer Paul Forrester
Senior editor Sally MacEachern
Text editors Mary Senechal, Robert Runck
Illustrator John Woodcock
Picture researchers Gill Metcalf, Christine Lalla
Art director Moira Clinch